本书获得教育部人文社会科学研究青年基金项目
"中国高僧传对日本僧传文学的影响研究"项目资助
（项目批准号：16YJCZH091）

| 光明社科文库 |

中国高僧传在日本的传承与影响

田云明◎著

光明日报出版社

图书在版编目（CIP）数据

中国高僧传在日本的传承与影响 / 田云明著 . --北京：光明日报出版社，2019.8

（光明社科文库）

ISBN 978－7－5194－5465－4

Ⅰ.①中… Ⅱ.①田… Ⅲ.①僧侣—列传—中国—古代②《高僧传》—研究 Ⅳ.①B949.92

中国版本图书馆 CIP 数据核字（2019）第 178768 号

中国高僧传在日本的传承与影响

ZHONGGUO GAOSENGZHUAN ZAI RIBEN DE CHUANCHENG YU YINGXIANG

著　　者：田云明

责任编辑：曹美娜　朱　然　　　　　责任校对：赵鸣鸣

封面设计：中联学林　　　　　　　　责任印制：曹　净

出版发行：光明日报出版社

地　　址：北京市西城区永安路 106 号，100050

电　　话：010－63131930（邮购）

传　　真：010－67078227，67078255

网　　址：http：//book.gmw.cn

E－mail：caomeina@gmw.cn

法律顾问：北京德恒律师事务所龚柳方律师

印　　刷：三河市华东印刷有限公司

装　　订：三河市华东印刷有限公司

本书如有破损、缺页、装订错误，请与本社联系调换，电话：010－67019571

开　　本：170mm×240mm

字　　数：184 千字　　　　　　　印　　张：16.5

版　　次：2020 年 1 月第 1 版　　　印　　次：2020 年 1 月第 1 次印刷

书　　号：ISBN 978－7－5194－5465－4

定　　价：85.00 元

凡　例

一、《高僧传》引用朱恒夫、王学钧、赵益注译《高僧传》（陕西人民出版社 2009 年版）；《续高僧传》《宋高僧传》引用中华书局出版的中国佛教典籍选刊本。

二、《周易》《老子》《庄子》《礼记》的引用主要为中华书局出版的中国古典名著译注丛书本。

三、《史记》《后汉书》《晋书》《宋书》引用中华书局本。

四、《世说新语》《陶渊明集》《嵇康集》引用中华书局出版的中国古典文学基本丛书本；《文选》《白氏文集》引用日本明治书院出版的新释汉文大系本。

五、《怀风藻》《文华秀丽集》《三教指归 性灵集》《菅家文草 菅家后集》，以及《古今和歌集》《山家集》，引用日本岩波书店出版的日本古典文学大系本；《本朝文粹》《拾遗和歌集》《后拾遗和歌集》《千载和歌集》《新古今和歌集》《江谈抄》《三宝绘》《宝物集》《袋草纸》《古事谈》引用岩波书店出版社日本古典文学大系本；《往生要集》《日本往生极乐记》《大日本法华经验记》《续本朝往生传》引用岩波书店出版的日本思想大系本。

六、《方丈记》引用西尾实校注《方丈记 徒然草》（岩波书店1983年版）；《发心集》引用三木纪人校注《方丈记 发心集》（新潮社1976年版）。

七、本书所有汉文引文的字体均统一改为简体字，且日文引文除个别标注处以外，均由笔者译为中文。

目　录
CONTENTS

绪　论

　　高僧传是记载著名僧人传记的书籍。中国历代高僧传代表作有梁代慧皎撰《高僧传》（519 年）、唐代道宣撰《续高僧传》（645 年）、宋代赞宁撰《宋高僧传》（988 年）、明代如惺撰《大明高僧传》（1605 年）等。中国的高僧传很早便传入日本，据石田茂作《由写经看奈良朝佛教的研究》一书介绍，日本在天平十一年（739 年）和天平十四年（742 年）分别可见《高僧传》《续高僧传》抄写本。① 随着中国僧传的大量传入与抄写，陆续出现了由日本人撰述的僧传，如《怀风藻》（751 年）僧传、《日本高僧传要文抄》（1249 年）、《元亨释书》（1322 年）、《本朝高僧传》（1702 年）等，并对日本物语、往生传以及后世的佛教说话产生了深远的影响。

　　本书主要以僧传文学中塑造的隐者型僧侣形象为主线，从"佛"（佛教）"隐"（隐逸）融合的视角出发，对中国高僧传东渐日本过程中成立的僧传、往生传、佛教说话等文学作品进行比较分

---

① 石田茂作 . 由写经看奈良朝佛教的研究［M］. 东京：东洋文库，1966.

析，阐明中日僧传文学之间的影响关系及二者的区别，进而探究高僧传在日本传承过程中发生的变化。

一、研究缘起

笔者从事了近十年的《方丈记》研究，博士论文主要从比较文化学的视点对日本中世隐者文学《方丈记》中所创作的"闲居"这一文学世界的特殊性进行研究，通过"僧侣与文人的文学交流""白居易诗文的摄取过程""理想化遁世者形象的创作过程"三个方面的考察，对《方丈记》中的"闲居"进行新的诠释，从而进一步探讨佛教与隐逸这两种外来文化传入日本后发生的融合。其中，通过对"理想化遁世者形象的创作过程"的研究，笔者注意到了中国高僧传与日本中世佛教说话之间的密切联系。从《怀风藻》僧传中的"佯狂""方外士"等有关隐者的固定表现，到《发心集》遁世说话群中的深山独居、晦迹、佯狂、隐德等表现，揭示了日本上代的僧侣形象与中世的遁世者形象之间的连续性。而且，以"闲居""佯狂"等为特征的遁世者形象不仅仅存在于鸭长明的《方丈记》《发心集》中，在《闲居友》《撰集抄》《沙石集》等中世佛教说话集中也频频登场。如果说《方丈记》的"闲居"是佛教与隐逸这两种外来文化传入日本后不断发生融合的产物，那么中世遁世者形象的形成，是否也可以依此类推呢？围绕着中世的遁世者形象的形成，从日本上代僧传到往生传、佛教说话的演进过程中，中国高僧传究竟发挥了怎样的作用？有何具体影响？博士论文中尚待解决的上述思考和疑问，成为笔者决定以中国高僧传对日本僧传文学的影响作为研究课题的重要契机。

二、国内外研究现状

有关中日僧传文学影响关系的研究，按照作品时代可划分为两类。

其一，中国高僧传与日本上代僧传、初期佛教说话关系的研究。代表性研究有小岛宪之《汉语逍遥——〈怀风藻〉佛家传的考察》①、藏中 SHINOBU《上代汉文传的成立与〈续日本纪〉——论官人薨卒传与僧传的性格差异》②、长野一雄《高僧传·续高僧传与日本灵异记——习合思想的比较》③ 等。其中，前者小岛的研究率先指出了《怀风藻》僧传与中国高僧传，尤其是《续高僧传》之间的联系，对该领域的研究起到了导向性作用，美中不足是缺乏具体的论证分析；而其余二者的研究侧重点各异，涉及中日僧传影响关系的考证不多。

其二，中国高僧传对日本中世佛教说话的影响研究。此类研究虽为学界关注，但除了中世说话作品注释中略有提及，鲜见具体论述。近年，陆晚霞《高僧传与中世的遁世说话》④ 是所能发现的为数不多的该方面研究之一。该研究围绕遁世者的山林闲居、隐德佯狂、舍身行为等，对日本中世遁世说话的部分篇章与高僧传做了具

① 小岛宪之. 汉语逍遥——《怀风藻》佛家传的考察 ［J］. 文学，1989（57 - 1）：46 - 54.

② 藏中 SHINOBU. 上代汉文传的成立与《续日本纪》——论官人薨卒传与僧传的性格差异 ［J］. 上代文学，1990（64）：46 - 67.

③ 长野一雄. 高僧传·续高僧传与日本灵异记——习合思想的比较 ［J］. 和汉比较文学，1998（20）：1 - 12.

④ 陆晚霞. 日本遁世文学的研究 ［M］. 北京：人民文学出版社，2013：370 - 387.

体的比较分析，肯定了在中世佛教说话的遁世者人物形象塑造问题上，中国高僧传所起到的重要作用。

纵观上述先行研究不难发现，学界关注的焦点多集中于中国高僧传对日本上代僧传及中世佛教说话的影响，而对介于上代与中世之间的《日本往生极乐记》《续本朝往生传》等平安时期的作品研究相对薄弱。缺乏具体论证且未成体系可谓目前中日僧传文学比较研究的现状。从中国高僧传的传入（739年）到日本第一部系统性的僧传《元亨释书》（1322年）的成立，僧传文学在日本经历了漫长的本土化过程。仅就某一特定时期的作品展开研究，很难系统全面地把握高僧传在日本传承发展的全貌。鉴于此，本书主要通过考察中国高僧传中塑造的隐者型僧侣形象对高僧传在日本不断继承发展过程中的具体影响，旨在系统全面地理清高僧传日本化的发展脉络，进而阐明中国高僧传在日本传承过程中发生的变化。

三、研究对象及相关概念的界定

本书研究对象为中日僧传文学。具体而言，中国高僧传主要考察《高僧传》《续高僧传》《宋高僧传》等，并参照《论语》《庄子》等中国古代典籍中有关隐逸的记述，《史记》《后汉书》《晋书》等史书中的隐逸传，以及《世说新语》等笔记小说中有关隐者、僧侣言行的记录。日本僧传文学主要考察《怀风藻》僧传、《元亨释书》等僧传，《日本往生极乐记》《续本朝往生传》等往生传，《大日本国法华经验记》《发心集》《撰集抄》等佛教说话，以及《方丈记》等随笔。

在展开具体论述之前，有必要将本书中使用的主要概念加以界定和说明。

（一）隐逸、隐者形象、隐逸表现

隐逸是与出仕相对的概念，本是乱世的产物，其根本思想是逃避政治、保全自身。随着时代的变迁，隐逸的含义也从脱政治、反官场的本义，扩大到摆脱社会秩序的束缚和世俗的烦累。① 中国自古每逢王朝交替，便会出现积极置身体制外的隐逸之士。殷商革命之时，"义不食周粟，隐于首阳山"（《史记·伯夷列传》）的伯夷、叔齐；政治黑暗的魏末晋初，"常集于竹林之下，肆意酣畅"（《世说新语》）的竹林七贤；战乱频繁的东晋末年，不为五斗米折腰的"古今隐逸诗人之宗"（锺嵘《诗品》）陶渊明等人，均为隐逸的代表人物。在中国古代典籍中，隐逸的称谓多种多样，如隐者、逸民、处士、隐士等，虽然在含义上略有差别，但基本属同义，均指避世隐居之人。其中，"隐者""逸民"等词很早便在《论语》中出现。《论语》可谓中国文学史上第一部较为集中地记录隐者言行的作品。② 而"隐逸"一词则为中国正史的传统用法，据郑樵《通志·隐逸传》所云："范晔始立隐逸传，谓之逸民。晋、宋、隋曰隐逸，齐曰高逸，梁曰处士，后魏曰逸士，今总曰隐逸。"③ 自此，有关避世隐居之人的言行不断被中国古代的史书、笔记小说、文学传记所记载和传颂，其人物形象也不断丰富，人物特征也更加

---

① 例如，殷商革命之时，耻食周粟，饿死首阳的伯夷、叔齐（见于《论语》季氏篇·微子篇、《庄子》让王篇·盗跖篇、《史记·伯夷列传》等），其行为可谓隐逸本义的代表。而竹林七贤之一的阮籍在葬母当日饮酒食肉，这种违背礼法的行为可看作是隐逸概念外延的扩大。

② 有关《论语》中的隐者类型、展现方式及对后世的影响，参见马晨雪.《论语》中的隐士形象［J］. 乐山师范学院学报，2013（10）：30－34.

③ （宋）郑樵. 通志［M］. 北京：中华书局，1987：2833.

鲜明。为研究之便，本书将此类具有隐逸言行特质的人物形象统称为隐者形象，并将其划分为拒官不仕型、佯狂型、归隐田园型、投身"无用"型四种类型。而将中国古代典籍中出现的"佯狂""方外""遁世""闲居"等表述隐逸言行特质的固有词汇统称为隐逸表现，具体指因厌恶官场而表达拒官不仕、进而表达摆脱社会秩序束缚和世俗烦累的词语，以及表达向往身心自由、安乐的词语等。

（二）隐者型僧侣形象

伯夷、叔齐、竹林七贤等中国古代典籍中出现的隐者形象，成为一代代尚隐之士追随的典范，对后世的传记文学亦产生了深远影响。而随着佛教的传入，以及佛经汉译、玄佛合流、名士名僧交流等佛教中国化的不断推进，人们对僧侣、僧格的认知也逐渐中国化，甚至出现了把名僧与隐者、名士相比附的言论。例如，东晋的孙绰"以天竺七僧方竹林七贤"①，作《道贤论》，可见世风之变。以此为背景成书的《弘明集》《高僧传》等佛教文集、僧传文学中，出现了大量对隐逸表现的借用，以及对固有的古代典籍中隐者形象塑造手法的借鉴。受中国古代典籍中隐者形象的影响，中国历代高僧传中也陆续出现了具有隐者特征的僧侣形象，本书将其统称为隐者型僧侣形象，并将隐者型僧侣形象进一步划分为"狂僧""诗僧""闲居僧"三种类型。

（三）遁世、遁世僧、遁世者

在日本，根据出家方式和修行生活的不同，出家者大体可分为

---

① 七僧比七贤具体指：以竺法护比山涛，帛远比嵇康，竺法乘比王戎，竺道潜比刘伶，支遁比向秀，于法兰比阮籍，于道邃比阮咸。

官僧和体制外的宗教者两类。所谓官僧，是指居住在寺院、得度受戒，部分被授予僧位或僧官，"由拥有国家祭祀权的天皇批准镇护国家资格的僧人"①。而体制外的宗教者，是指剃发出家，在寺院、教团之外从事宗教活动的人。后者又可进一步划分为遁世僧和遁世者。出家者的多样化，与从平安过渡到镰仓的时代转换期出现的"遁世"这一新型出家方式密切相关。

"遁世"一词本出自中国的古典，最初与隐逸密切相关，是指放弃以帝王之位为代表的官位，揭示了隐逸应有的状态。到了老庄与佛教交流融合的魏晋南北朝时期，出现了将出家比拟成"遁世"及利用文人的隐逸志向宣扬佛教的言论。进而在唐代的僧传文学中出现了将出家后独自在山林修行的僧侣行为称为"遁世"的用例。"遁世"一词传入日本之初，与中国古代典籍中表示放弃以帝王之位为代表的官位的"遁世"本义是一致的。而到了平安中期，开始将"遁世"作为出家的同义词使用。进而在平安中期以后，伴随着出家形态的变化，"遁世"由隶属寺院的出家转变为特指脱离寺院的僧侣的再出家。② 在律令体制的统治下，相对于隶属于寺院和教团的官僧，遁世僧是指辞去僧人的官位、视寺院及既成教团为第二个俗世而脱离的二重出家僧，以及本来就活跃在既成教团之外的私

---

① 松尾刚次．镰仓新佛教的成立——入门礼仪与祖师神话［M］．东京：吉川弘文馆，1988：15．

② 有关"遁世"的语义变迁，参见小林升．遁世和遁世者［M］//小林升．中日历史观与隐逸思想．东京：早稻田大学印刷所，1983。本书第五章第一节也将进一步对"遁世"的语义变迁进行考察。

度僧等民间布教者。① 无论是汇集于别所、试图创立新教团的二重出家僧，还是置身市井的民间布教者，致力于救济百姓是其与镇护国家的官僧的最大区别，这也正是遁世僧成为镰仓新佛教中坚力量的重要原因。② 这些活跃于寺院和教团体制外的遁世僧可谓中世遁世者的先驱。围绕遁世僧的文学性书写与形象塑造，对中世理想型遁世者形象的形成影响深远。而有别于以救济他人为目的的遁世僧，遁世者是指如西行、长明、兼好等，中途出家且不隶属于寺院、教团，独居山林，仅以一己的净土往生为目的的佛教信仰者。其独善的一面，与中国古代典籍中记录的隐者形象又多有重合，显示了遁世者"佛""隐"融合的特性。

四、本书各章内容概述

本书的总体框架如下：首先提出隐者型僧侣形象的概念，并按照中国高僧传中塑造的隐者型僧侣形象的特点，将其分为"狂僧""诗僧""闲居僧"三种类型。其次，以僧传文学中塑造的隐者型僧侣形象为主线，从"佛""隐"融合的视角出发，依据三类典型的划分，分别对高僧传中的"狂僧"形象、"诗僧"形象、"闲居僧"形象东渐日本过程中成立的僧传、往生传、佛教说话等文学作品进行比较分析，阐明中日僧传文学之间的影响关系及二者的区

---

① 有关遁世僧的概念，可参见大隅和雄. 关于遁世 [J]. 北海道大学文学部纪要，1965（13 - 2）：65 - 123；目崎德卫. 出家遁世. 东京：中央公论社，1976；安良冈康作. 遁世者的文艺及其展开 [J]. 专修国文，1982（31）：1 - 33.

② 松尾刚次. 镰仓新佛教的成立——入门礼仪与祖师神话 [J]. 东京：吉川弘文馆，1988：181.

别。最后，考察中国高僧传在日本独特的"遁世者"形象的形成过程中所发挥的作用，进而探究高僧传在日本传承过程中发生的变化。

具体而言，第一章主要考察中国古代典籍中所载隐者形象以及所运用的隐逸表现对僧侣形象塑造的影响，并对中国高僧传中所塑造的隐者型僧侣形象的类型特征进行具体论证。首先，以《论语·微子篇》为线索，结合《庄子》《史记》《后汉书》《晋书》《世说新语》等古代典籍，归纳出中国古代隐者形象的四种类型，即拒官不仕型、佯狂型、归隐田园型、投身"无用"型，并分别阐述各类隐者形象的类型特征。其次，考察佛教中国化过程中隐逸表现在佛教典籍中的借用现象，主要就"方外""闲居"等隐逸表现在借用到佛教相关著述过程中发生的词义转化进行阐释。最后，以《高僧传》神异部、义解部、习禅部为例，具体论述"狂僧""诗僧""闲居僧"等隐者型僧侣形象的类型特征，及其与中国古代典籍中所载隐者形象之间的影响关系。

在中国古代典籍中，记述了众多"佯狂"的人物形象。而"狂僧"作为其中较为特殊的人物形象，具有独特的宗教性和审美性。在《高僧传》《续高僧传》《宋高僧传》等僧传文学中，都有大量描写"狂僧"形象的作品。饶有兴味的是，以日本首部汉诗集《怀风藻》中的僧传为开端，日本往生传、佛教说话集等佛教文学中，"狂僧"形象屡屡登场，形成了一条独特的文学脉络。有关《怀风藻》僧传等日本僧传与中国高僧传的影响关系，先学虽已有所论及，但鲜见具体论证，尤其对中国高僧传在日本传承过程中发挥的作用，对日本独特的遁世僧形象的形成产生的影响等问题，仍需进一步探讨。第二章以"狂僧"形象为主线，旨在考察中国高僧传中的"狂僧"形象东渐日本过程中，对日本的僧传、往生传、佛教说话等僧传文学产生的深远影响，进而探究中国"狂僧"形象得以在日本不断传承的原因。

《高僧传》中记载的支遁、慧远等学僧，作为中国"诗僧"之源，促进了佛教在名士阶层的传播、佛教与老庄思想的融合，及诗文对佛经的容摄。随着佛教中国化的深入，禅宗逐渐兴盛，至中唐以后，"诗僧"作为特殊的僧侣群体得以形成。《宋高僧传》中记载了众多"诗僧"形象，如寒山、拾得，如皎然、灵澈等。皎然等"诗僧"的诗论，更是促进了佛理与诗学的相互渗透，丰富了禅宗思想的表达方式。同样，佛教东渐日本后，也出现了"诗僧"。日本首部汉诗集《怀风藻》中，收录了四位僧侣的诗作，并附传记。但随着佛教日本化的推进，佛教与和歌的结合又促成了"歌僧"的出现，尤其是在日本中世前后，涌现出西行、长明、明惠等大量"歌僧"，其"歌僧"形象及歌论在《发心集》《撰集抄》《明惠上人传记》等僧传文学中多有记载。西行等"歌僧"的歌论，促进了歌道与佛道的结合，肯定了和歌吟咏对佛道修行的积极作用。第三章将通过中日僧传文学中记载的"诗僧""歌僧"形象的比较，考察中国"诗僧"与日本"诗僧""歌僧""数奇者"之间的联系及区别，进而探究二者在中日佛教本土化过程中发挥的不同作用。

在中国古代典籍中，"闲居"作为隐逸表现，本是以陶渊明为代表的归隐田园型隐者形象的理想归宿，后为《摩诃止观》等佛教著述所借用，成为专心修佛之佳境，并在中国古代僧传文学中，出现了独处山林、寂静习禅的"闲居僧"形象。此类"闲居"隐者、"闲居僧"形象是如何在日本得以传承，又具有哪些日本独特之处，将是第四章所要探讨的问题。

通过第二章、第三章、第四章的考察可知，"狂僧"形象、"诗僧"形象、"闲居僧"形象在日本的传承过程中，对日本的僧传、往生传、佛教说话等产生了深远的影响，同时，结合日本的文学传统与社会状况，分别发生了不同程度的本土化。尤其是日本平安时代（794—1185 年）中期以后，随着律令制的瓦解、贵族社会发展的停滞，寺院体制也开始变质。僧官的世袭化、寺僧的阶级分化日益严重，主要寺院逐渐变为巨大的阶级社会，由此导致脱离世俗化寺院、既成教团体制的遁世僧的大量涌现。在庆滋保胤的《日本往生极乐记》，源为宪的《空也诔》，大江匡房的《续本朝往生传》，三善为康的《拾遗往生传》《后拾遗往生传》等文人官僚陆续执笔、编纂的往生传、诔文中，出现了大量活跃在寺院、既成教团体制之外的宗教者的相关记录，并尊称其为"圣"。将体制外的宗教者纳入记录的对象，显示了当时贵族阶层价值观的变化。第五章则主要围绕上述体制外的宗教者，在阐明"遁世"一词词义变迁的基础上，考察日本僧传文学中以遁世僧为原型塑造的僧侣形象与中国高僧传之间的影响关系，进而探究中国高僧传在日本独特的"遁世者"形象的形成过程中所发挥的作用。

日本僧传与中国僧传一脉相承，与朝鲜僧传同为汉文僧传的重要组成部分，深入研究中国高僧传对日本僧传文学的影响，对于推动中日佛教文学的比较研究乃至中国古代文学的域外影响研究也具有重要的借鉴意义。本书通过系统梳理中国高僧传对日本僧传文学的影响轨迹，阐明隐者型僧侣形象在高僧传日本化过程中所发挥的重要作用，希望能够揭示中日文学、思想、文化交流的一个侧面，并对今后的此类研究提供一定的借鉴和参考。

第一章

从隐者到高僧

——高僧传中的隐者型僧侣形象

隐逸是与出仕相对的概念，本是乱世的产物，其根本思想是逃避政治、保全自身。随着时代的变迁，隐逸的含义也从脱政治、反官场的本义，扩大到摆脱社会秩序的束缚和世俗的烦累。中国自古每逢王朝交替，便会出现积极置身体制外的隐逸之士。隐逸大体分为两类①，一类是儒家式隐逸。正如《论语·泰伯篇》所述"危邦不入，乱邦不居。天下有道则见，无道则隐"，隐逸与生于乱世的参政者，即中国士大夫的进退出处密切相关。孔子所提倡的儒家式隐逸可谓出仕的待机状态，出仕抑或是隐逸，取决于"道"之有无。《孟子·尽心上》的"穷则独善其身，达则兼善天下"，可看作是对孔子"有道则见，无道则隐"的继承与补充。另一类是老庄式隐逸。《庄子·外篇·刻意》曰："就薮泽，处闲旷，钓鱼闲处，

_____

① 有关隐逸的分类，参见霍建波"第二章 先秦两汉隐逸思想探源"（见霍建波.宋前隐逸诗研究 [M]. 北京：人民出版社，2006：37 - 54）；小林升"遁世和遁世者"（见小林升. 中日历史观与隐逸思想 [M]. 东京：早稻田大学出版社，1983：270）中论及隐逸的儒家风与道家风部分。

无为而已矣；此江海之士，避世之人，闲暇者之所好也。"可见，庄子所崇尚的隐逸，是远离政治制度、社会秩序等人为束缚，在自然天地享受自由生活，显示出老庄式隐逸在出仕态度上与儒家式隐逸的不同。"江海之士，避世之人，闲暇者"，指的正是隐者。而"就薮泽，处闲旷，钓鱼闲处"，恰恰表现了隐逸崇尚自然、悠然自得的状态特征。老庄式隐逸以隐逸本身为目的，且不是单纯的"无为"，而是追求与自然融为一体、自由自在的闲居境界。正如霍建波所归纳的，"儒家所继承并发扬光大的是手段式的待时之隐，它因为具有实际的操作性而成为后世不得志文人现实的行动指南，而道家发扬的则是目的性的适性之隐，它虽然实际上难以达到，却是隐逸境界的最高理想，成为身心疲惫的文人们的永远期待"①。

第一节　中国古代典籍中的隐者形象②

《论语·微子篇》集中记录的楚狂接舆、荷蓧丈人、伯夷、叔齐等人的言行，可谓中国古代隐者形象的原型。本节将以《论语·微子篇》为线索，结合《庄子》《史记》《后汉书》《晋书》《世说新语》等古代典籍，简略梳理一下中国古代隐者形象的类型特征。

---

① 霍建波. 宋前隐逸诗研究［M］. 北京：人民出版社，2006：53 – 54.
② 本节内容基于拙稿修改而成。参见田云明. 论中国古代典籍中的隐者形象［J］. 唐山学院学报，2019（2）：58 – 63.

一、拒官不仕型隐者形象

《周易》可谓中国隐逸传统之源，开启了儒、道隐逸思想的端绪。① 其中的"不事王侯，高尚其事"（《周易·蛊》）、"天地闭，贤人隐"（《周易·坤》）等言论，阐明了隐逸行为最基本的含义。上古时代的巢父与许由，可谓"不事王侯"的先达。据《艺文类聚》（卷三十六）《隐逸》（上）引嵇康《高士传》所载：

> 巢父，尧时隐人，年老，以树为巢，而寝其上，故人号为巢父。尧之让许由也，由以告巢父，巢父曰："汝何不隐汝形，藏汝光，非吾友也。"乃击其膺而下之。许由怅然不自得，乃遇清冷之水，洗其耳，拭其目，曰："乡者闻言，负吾友。"遂去，终身不相见。

与许由洗耳的典故相关联的，还有许由辞让天下的故事，在中国古代典籍中多有记载，例如《庄子·逍遥游》中的描绘：

> 尧让天下于许由，曰："日月出矣，而爝火不息，其于光也，不亦难乎！时雨降矣，而犹浸灌，其于泽也，不亦劳乎！夫子立，而天下治，而我犹尸之，吾自视缺然。请致天下。"许由曰："子治天下，天下既已治也。而我犹代子，吾将为名乎？名者实之宾也。吾将为宾乎？鹪鹩巢于深林，不过一枝；

---

① 霍建波. 宋前隐逸诗研究［M］. 北京：人民出版社，2006：37－42.

偃鼠饮河，不过满腹。归休乎君，予无所用天下为！庖人虽不治庖，尸祝不越樽俎而代之矣。"①

尧让天下于许由，而许由不受。正如"名者实之宾"所言，许由追求的并非名利，而是各得其所的安分与自足，因此，面前虽有指掌天下的诱惑，却不为之所动，断然拒绝。同样辞让天下的，还有孤竹君二子伯夷、叔齐。《论语·微子篇》在列举"逸民"时曾提及二人，二人还得到孔子"不降其志，不辱其身"的赞颂。汉代史学家司马迁所著的《史记》，甚至把《伯夷列传》作为人物列传的首篇，对二人的义举记录如下：

伯夷、叔齐，孤竹君之二子也。父欲立叔齐，及父卒，叔齐让伯夷。伯夷曰："父命也。"遂逃去。叔齐亦不肯立而逃之。（中略）武王已平殷乱，天下宗周，而伯夷、叔齐耻之，义不食周粟，隐于首阳山，采薇而食之。及饿且死，作歌。其辞曰："登彼西山兮，采其薇矣。以暴易暴兮，不知其非矣。神农、虞、夏忽焉没兮，我安适归矣？于嗟徂兮，命之衰矣！"遂饿死于首阳山。

巢父许由、伯夷叔齐作为"不事王侯，高尚其事"的典型代表，其高尚言行得到了后世的颂扬与效仿，历代中国正史的隐逸传中涌现了大量高尚不仕、称疾不就的隐者形象。《后汉书·逸民列

---

① 陈鼓应. 庄子今注今译［M］. 北京：中华书局，1983：22－23.

传》所收《周党传》中，对于博士范升诋毁周党"不以礼屈、伏而不谒"等对皇帝的"大不敬"行为，皇帝下诏曰：

> 自古明王圣主必有不宾之士。伯夷、叔齐不食周粟，太原周党不受朕禄，亦各有志焉。其赐帛四十四。

皇帝对于周党的守节不仕非但没有怪罪，反而将其纳入伯夷、叔齐之列，加以称颂、褒奖。范晔在《后汉书·逸民列传》所收《高凤传》论中引其父范泰语云：

> 古者隐逸，其风尚矣。颍阳洗耳，耻闻禅让；孤竹长饥，羞食周粟。或高栖以违行，或疾物以矫情，虽轨迹异区，其去就一也。若伊人者，志陵青云之上，身晦泥污之下，心名且犹不显，况怨累之为哉！

可见许由洗耳、夷齐采薇已是民众熟知的典故，隐逸已成为一种社会风尚。上述对于隐者身晦而志显的高贵品质的评论，也成为古人评价隐逸的通识。

纵观《后汉书》《晋书》《宋书》等历代中国正史的隐逸传，出现频率最高的便是"不就"一词，以及与之类似的"不听""称疾不就""高尚不仕"等表现。"不就"是隐逸相对于出仕最核心的要素，拒官不仕型隐者主要通过采取不合作的态度及言行表达对执政者或社会现实的曲折反抗与批判。拒官不仕型隐者形象的形成，其源流始于《周易》"不事王侯，高尚其事"等对隐逸的最初阐释，并通过巢父许由、伯夷叔齐等中国历史上最早的隐者形象得以巩固和发扬光大。可以说，拒官不仕型隐者形象是众多隐者形象中最基本的类型，其标志性行为核心"不就"是其他各类隐者形象的共通要素。

二、佯狂型隐者形象①

在《论语·微子篇》中登场的楚狂接舆，可谓中国古代佯狂型隐者形象的鼻祖。

> 楚狂接舆歌而过孔子曰："凤兮凤兮！何德之衰？往者不可谏，来者犹可追。已而，已而！今之从政者殆而！"孔子下，欲与之言。趋而辟之，不得与之言。

楚国的狂人接舆一面从孔子车前走过，一面唱道："现今的执政者是危险的。"接舆的"狂"，并非真狂，而是为了不为官、不从政故意摆出的一种姿态，即"佯狂"。同时也是身处乱世的处世之道。欲下车与其交谈，反映了孔子对狂者一定程度的认可。同样，在《论语·微子篇》开篇，还提及了另一位狂者箕子。

> 微子去之，箕子为之奴，比干谏而死。孔子曰："殷有三仁焉。"

---

① 田云明. 中国古代"狂僧"形象的东渐——以智藏传、增贺传为例 [J]. 外国文学评论, 2018 (2): 27 – 28.

比干忠心谏劝，却惨遭暴君纣王迫害而死；微子审时度势，断然离去；而箕子忠谏，纣王不听，只得佯狂为奴，终保一命。孔子将微子、箕子、比干并称为"三仁"，可见其对箕子佯狂行为的敬仰与赞誉。有关《论语》中的接舆、箕子等佯狂型隐者形象的先驱人物，东方朔在《非有先生论》中归纳如下：

> 接舆避世，箕子被发佯狂。此二子者，皆避浊世以全其身者也。（《文选》卷五十一·东方朔《非有先生论》）

在此，东方朔将"佯狂"的目的归纳为"避浊世""全其身"。"避世"具体而言，即不为官，不从政。《史记》《后汉书》中，与"佯狂""狂生"等用例并用的"不肯立""不就"等表现，充分表明"佯狂"已成为拒绝为官的惯用手段。这也恰恰体现了隐逸脱政治、反官场的本义。

> 玄成时佯狂，不肯立，竟立之，有让国之名。（《史记》卷九十六·《张丞相列传》）
> 统性俶傥，敢直言，不矜小节，默语无常，时人或谓之狂生。每州郡命召，辄称疾不就。（《后汉书》卷四十九·《仲长统传》）

到了魏晋时期，竹林七贤可谓佯狂型隐者形象的又一典型。《世说新语·任诞篇》的开篇对竹林七贤名称的由来有如下记述：

陈留阮籍，谯国嵇康，河内山涛，三人年皆相比，康年少亚之。预此契者：沛国刘伶，陈留阮咸，河内向秀，琅邪王戎。七人常集于竹林之下，肆意酣畅，故世谓"竹林七贤"。

例如，《任诞篇》中记录了竹林七贤之一的阮咸对抗同族的一则奇行。

阮仲容、步兵居道南，诸阮居道北。北阮皆富，南阮贫。七月七日，北阮盛晒衣，皆纱罗锦绮。仲容以竿挂大布犊鼻？于中庭。人或怪之，答曰："未能免俗，聊复尔耳!"

可见，竹林七贤的佯狂，是对世俗礼法的强烈反抗，也是生逢乱世保全自身的无奈之举。"越名教而任自然"的竹林七贤，其异于常人的言行可看作是隐逸概念外延的扩大。

通过对中国古代典籍中佯狂型隐者形象的考察，可见"佯狂"原本是用来形容接舆、箕子等隐者的固定表现。"佯狂"，其行为大体可分为两种类型。其一，是"避世"，即拒绝为官的"佯狂"。其二，是"全身"，即免遭杀身之祸的"佯狂"。随着隐逸内涵的扩大，"佯狂"奇行也成为反抗世俗礼法的一种方式。而且，后人及记录者对佯狂型隐者形象的态度多是敬仰的，对其"佯狂"行为是称颂的。

三、归隐田园型隐者形象

作为归隐田园型隐者形象在《论语·微子篇》中首先登场的，

是躬耕田园的长沮、桀溺。

> 长沮、桀溺耦而耕，孔子过之，使子路问津焉。长沮曰：
> "夫执舆者为谁？"子路曰："为孔丘。"曰："是鲁孔丘与？"
> 曰："是也。"曰："是知津矣。"问于桀溺。桀溺曰："子为
> 谁？"曰："为仲由。"曰："是鲁孔丘之徒与？"对曰："然。"
> 曰："滔滔者天下皆是也，而谁以易之？且而与其从辟人之士
> 也，岂若从辟世之士哉？"耰而不辍。子路行以告。夫子怃然
> 曰："鸟兽不可与同群，吾非斯人之徒与而谁与？天下有道，
> 丘不与易也。"

长沮、桀溺以"辟人之士""辟世之士"，一语道破与孔子的
区别，且"耰而不辍"，言行中充满了对孔子师徒的轻蔑与不满。
而孔子始终恪守"有道则见，无道则隐"（《论语·泰伯篇》）的原
则，以"天下有道"为由，不与之为伍。《论语·微子篇》中，还
出现了另一位归隐田园型隐者——荷蓧丈人。

> 子路从而后，遇丈人，以杖荷蓧。子路问曰："子见夫子
> 乎？"丈人曰："四体不勤，五谷不分。孰为夫子？"植其杖而
> 芸。子路拱而立。止子路宿，杀鸡为黍而食之，见其二子焉。
> 明日，子路行以告。子曰："隐者也。"使子路反见之。至，则
> 行矣。子路曰："不仕无义。长幼之节，不可废也；君臣之义，
> 如之何其废之？欲洁其身，而乱大伦。君子之仕也，行其义
> 也。道之不行，已知之矣。"

执杖锄草的老农斥责子路"四体不勤，五谷不分"，孔子非但没有恼怒，反而称其为"隐者"，并派子路再次拜会荷蓧丈人，但未果。可见孔子对隐者并不排斥，甚至想要主动与之交流，反映了孔子对隐者一定程度的尊重和认同。

继《论语》中登场的长沮、桀溺、荷蓧丈人等躬耕田园的隐者，东晋末年又出现了归隐田园的陶渊明。据《宋书·隐逸列传·陶潜传》记载：

> 亲老家贫，起为州祭酒，不堪吏职，少日，自解归。州召主簿，不就。躬耕自资，遂抱赢疾，复为镇军、建威参军，谓亲朋曰："聊欲弦歌，以为三径之资，可乎？"执事者闻之，以为彭泽令。公田悉令吏种秫稻，妻子固请种秔，乃使二顷五十亩种秫，五十亩种秔。郡遣督邮至，县吏白应束带见之，潜叹曰："我不能为五斗米折腰向乡里小人。"即日解印绶去职。

短短百余文字，屡次出现"不堪吏职""自解归""不就""解印绶去职"等辞官、拒仕的语句。事实上，陶渊明曾五次出仕，又五次归隐，最终不为五斗米折腰而辞去彭泽令，走上了躬耕田园之路。然而，归隐田园并非都是"采菊东篱下，悠然见南山"的惬意，还要面对贫穷、饥寒等现实生活的困苦。可陶渊明却从未后悔，不改初衷，并借前贤抒发自己对躬耕田园的由衷热爱："遥遥沮溺心，千载乃相关。但愿长如此，躬耕非所叹。"（出自陶渊明《庚戌岁九月中于西田获早稻》）在其《癸卯岁始春怀古田舍》等隐逸诗中还曾多次提到荷蓧丈人，可见陶渊明自身也将其视为长沮、桀溺、荷蓧丈人等归隐田园型隐者的后继者。在其生前绝笔《自祭文》中，对归隐田园的一生曾有如下追忆：

> 自余为人，逢运之贫，箪瓢屡罄，绤绤冬陈。含欢谷汲，行歌负薪，翳翳柴门，事我宵晨，春秋代谢，有务中园，载耘载耔，乃育乃繁。欣以素牍，和以七弦。冬曝其日，夏濯其泉。勤靡余劳，心有常闲。乐天委分，以至百年。

物质生活的艰难并没有压垮陶渊明，他始终保持着精神上的自足与安乐。正如萧统在《陶渊明集序》中赞叹道："加以贞志不休，安道苦节，不以躬耕为耻，不以无财为病，自非大贤笃志，与道污隆，孰能如此乎！"① 陶渊明田园闲居的隐者形象及其田园诗对后世的隐逸行为、隐逸文学等影响深远，可谓归隐田园型隐者形象的典型代表。

四、投身"无用"型隐者形象

《庄子·人间世》篇末明确提出了"无用之用"的说法，即"山木自寇也，膏火自煎也。桂可食，故伐之；漆可用，故割之。人皆知有用之用，而莫知无用之用也"②。因其材其能，山木、膏火遭受了"自寇""自煎"；因可食可用，桂、漆被伐被割。世人眼中的"有用之用"，却将它们推向了危险的境地，即所谓"材之患"。有关"无用之用"的具体讨论，可见于《庄子》的《逍遥

---

① （晋）陶渊明．陶渊明集［M］．逯钦立校注．北京：中华书局，1979：10.
② 陈鼓应．庄子今注今译［M］．北京：中华书局，1983：156.

游》《人间世》《山木》诸篇。例如，《庄子·逍遥游》中有如下寓言：

> 惠子谓庄子曰："吾有大树，人谓之樗。其大本拥肿而不中绳墨，其小枝卷曲而不中规矩，立之涂，匠者不顾。今子之言，大而无用，众所同去也。"
>
> 庄子曰："子独不见狸狌乎？卑身而伏，以候敖者；东西跳梁，不辟高下；中于机辟，死于罔罟。今夫斄牛，其大若垂天之云。此能为大矣，而不能执鼠。今子有大树，患其无用，何不树之于无何有之乡，广莫之野，彷徨乎无为其侧，逍遥乎寝卧其下。不夭斤斧，物无害者，无所可用，安所困苦哉！"

从世俗的功利性视角来评价，惠子的大树的确不材、无用，然而，从庄子的超世俗、非功利性视角来看，大而无用的大树却能使人的心灵逍遥世外。庄子之所以提出"无用之用"，就是在政治与世俗之外追问生命的可能价值。[1] 这也是历代隐者所要思索的共同问题。相对于政治与世俗的"无用"究竟是什么，《庄子·让王》中似乎早已蕴含了答案：

> 孔子谓颜回曰："回，来！家贫居卑，胡不仕乎？"
>
> 颜回对曰："不愿仕。回有郭外之田五十亩，足以给飦粥；郭内之田四十亩，足以为丝麻；鼓琴足以自娱，所学夫子之道

---

[1] 王玉彬．"无用"与"游世"——庄子哲学中的生存方式之论析［J］．哲学研究，2014（4）：63．

者足以自乐也。回不愿仕。"

颜回为摆脱出仕功名利禄的烦累、患得患失的纷扰，坚持躬耕田园，生活上自给自足，弹琴修身，精神上自娱自乐。其中，"鼓琴"从政治和世俗的角度来看是"无用"的，然而对于隐者而言却"足以自娱"，体现了其"无用之用"。纵观历代隐逸传，众多隐者都选择以琴为伴。

> 居有顷，妻曰："常闻夫子欲隐居避患，今何为默默？无乃欲低头就之乎？"鸿曰："诺。"乃共入霸陵山中，以耕织为业，咏《诗》《书》，弹琴以自娱。仰慕前世高士，而为四皓以来二十四人作颂。(《后汉书·逸民列传·梁鸿传》)
>
> 孙登字公和，汲郡共人也。无家属，于郡北山为土窟居之，夏则编草为裳，冬则被发自覆。好读《易》，抚一弦琴，见者皆亲乐之。(《晋书·隐逸列传·孙登传》)
>
> 戴逵字安道，谯国人也。少博学，好谈论，善属文，能鼓琴，工书画，其余巧艺靡不毕综。总角时，以鸡卵汁溲白瓦屑作《郑玄碑》，又为文而自镌之，词丽器妙，时人莫不惊叹。性不乐当世，常以琴书自娱。(《晋书·隐逸列传·戴逵传》)
>
> 潜不解音声，而畜素琴一张，无弦，每有酒适，辄抚弄以寄其意。(《宋书·隐逸列传·陶潜传》)

上述投身"无用"的隐者中，不乏艺术家的身影。例如，孙登不仅会弹一弦琴，而且尤善长啸，竹林七贤中的阮籍和嵇康都曾求教于他。而东晋的戴逵博学多才，不仅善鼓琴，更是著名的美术家、雕塑家。其中较为特别的当属陶渊明，虽不解音律，却备无弦琴常伴左右，酒到酣时甚至拨弄把玩，旨在"以寄其意"，亦即"弹琴以自娱""常以琴书自娱"中的"自娱"。这一方面显示了陶渊明的雅趣，另一方面也表明琴已经成为隐者的一个标志性符号。难怪历代隐者纷纷效仿，嵇康甚至作名篇《琴赋》从艺术论的高度对琴的美学境界进行深入阐释。① 而嵇康的另一首《琴赞》则是其观点的诗意表现：

> 昔在黄、农，神物以臻。穆穆重华，五弦始兴。闲邪纳正，感物悟灵。宣和养气，介乃遐龄。惟彼雅器，载璞灵山。体具德真，清和自然。澡以春雪，澹若洞泉。温乎其仁，玉润外鲜。

寥寥数行，淋漓尽致地展示了琴"清和自然"的高雅品格，以及令人修身养性、返璞归真的功能。这些都与"高尚其事""越名教而任自然"等隐者的气质高度吻合，也成为隐者爱琴的重要原因。

正如《晋书·隐逸列传·戴逵传》中所述"少博学，好谈论，善属文，能鼓琴，工书画，其余巧艺靡不毕综"，历代隐者所投身的"无用"不仅限于琴所代表的音乐，还涉及诗文、书法、绘画等领域。简言之，相对于政治与世俗的"无用"，即文学与艺术。投

---

① 邱玥. 嵇康艺术论的人文哲学美学意境［J］. 求索，2012（9）：154－156.

身"无用"型隐者为了摆脱政治束缚、超越世俗名利，反其道而行之，主要通过全心致力于文学艺术创作来净化心灵、陶冶情操，以实现精神世界的自足、自娱、自乐。

以上，通过对拒官不仕型隐者形象、佯狂型隐者形象、归隐田园型隐者形象、投身"无用"型隐者形象的分类考察，简要归纳了中国古代典籍中隐者形象的类型特征。其中，拒官不仕是隐者形象的核心特征和共通要素，而佯狂、归隐田园、投身"无用"则是实现拒官不仕、达到超越世俗的手段和途径。因此，拒官不仕型隐者形象是众多隐者形象中最基本的类型，而其他三种隐者形象则是因隐者所处时代背景及个体特性差异而出现的不同表现类型。当然，上述四种隐者形象，在很多情况下是紧密联系、密不可分的，同一隐者甚至兼具两种乃至多种隐者形象的特征。

中国古代典籍中的隐者形象，堪称中国古代隐者形象的典范，不断为后世记录和传颂，对中国的隐逸思想、隐逸文学的形成，以及传记文学中理想人物形象的塑造产生了深远影响。

第二节　隐逸表现在佛教典籍中的借用

佛教作为一种外来宗教文化，自东汉时期传入中国以来，不断与中国固有的以儒、道为代表的传统思想文化相互冲突、相互融合，逐渐形成了富有特色的中国佛教文化。这一过程被称为佛教中国化，也被称作佛教本土化或佛教民族化，是指"发源于古印度的佛教传入中国之后适应中国社会环境与民众信仰需求，经过漫长时期与中国传统文化和生活习俗会通融合，逐渐演变为中国民族宗教之一的佛教的历史进程"①。佛教中国化表现在诸多方面，如出现了以儒、道等中国固有的思想，尤其是以魏晋玄学来翻译诠释佛典的格义佛教；形成了以禅宗为代表的众多中国化佛教宗派；制定了僧制等中国化的戒律；等等。而推动佛教中国化的主力，一方面是通晓内外典籍的道安、支遁、慧远等名僧，另一方面是善于玄学清谈而又崇佛的孙绰、郗超等名士。"在僧侣方面，是以中土习惯的语言与方式宣扬佛教义理；在士人方面，则是根据传统意识与思维方式理解和接受佛教"②，二者均为佛教的中国化做出了巨大贡献。这些活跃在东晋的名士名僧交流频繁，他们谈玄论佛的言行在《世说新语》中多有记载。

　　而佛教之所以能在中国广为传播，汉译佛经的作用不容忽视。东汉末年，随着西域来华僧人的增多，译经事业日趋兴盛。为了易于民众对外来佛教文化的理解和接受，译者在佛经译介时广泛借用了老庄固有的概念和术语，例如，以"无为"表示佛教的"涅槃"，用"本无""自然"等概念来表示佛教"缘起性空"的基本思想。汉译佛经的老庄化倾向不仅有利于佛教思想在中土的传播，加深了佛教对中国传统思想发展的影响，而且还促进了魏晋玄学的形成与发展以及玄佛合流的出现。③ 至于魏晋，沙门中精通老庄玄学者辈出，士大夫中多有通晓佛理者，这些名士名僧常谈玄说佛，

---

① 杨曾文. 佛教中国化和禅宗 [J]. 佛学研究，2017（1）：33.
② 孙昌武. 佛教的中国化与东晋名士名僧 [J]. 传统文化与现代化，1993（4）：38.
③ 洪修平. 论中国佛教的曲折发展及其现代意义——以儒佛道三教关系为视角 [J]. 南京社会科学，2009（2）：2－3.

以般若比附老庄，以外典会通佛理，即当时流行的"格义"方法。例如高僧慧远，"少年为诸生，博综六经，尤善《庄》《老》"，"引《庄子》义为连类，于惑者晓然"（《高僧传·慧远传》）；又如高僧支遁，注《庄子·逍遥篇》，"群儒旧学莫不叹服"（《高僧传·支遁传》），孙绰甚至在《道贤论》中以遁方向子期，并给予支遁"二子异时，风好玄同"的高度评价。

在上述佛经汉译、玄佛合流、名士名僧交游清谈的过程中，"佯狂""遁世"① 等一些与隐逸、隐者言行相关的固有词汇很自然地被借用到与佛教修行、僧侣言行相关的著述中。在此，将这些表述隐逸言行特质的固有词汇统称为隐逸表现。本节将以"佛""隐"融合的视角，考察佛教中国化过程中隐逸表现在佛教典籍中的借用现象，具体而言，主要就"方外""闲居"等隐逸表现在借用到佛教相关著述过程中发生的词义转化进行阐释。

一、方外

"方外"一词的原型为"方之外"，出自《庄子·大宗师》。

> 子桑户、孟子反、子琴张三人相与语曰："孰能相与于无相与，相为于无相为？孰能登天游雾，挠挑无极；相忘以生，无所终穷？"
>
> 三人相视而笑，莫逆于心，遂相与为友。
>
> 莫然有间而子桑户死，未葬。孔子闻之，使子贡往侍事

---

① 有关"佯狂""遁世"的用语史，分别在本书第二章第一节、第五章第一节中具体考察。

焉。或编曲，或鼓琴，相和而歌曰："嗟来桑户乎！嗟来桑户乎！而已反其真，而我犹为人猗！"子贡趋而进曰："敢问临尸而歌，礼乎？"

二人相视而笑曰："是恶知礼意！"

子贡反，以告孔子，曰："彼何人者邪？修行无有，而外其形骸，临尸而歌，颜色不变，无以命之，彼何人者邪？"

孔子曰："彼，游方之外者也；而丘，游方之内者也。外内不相及，而丘使女往吊之，丘则陋矣。云云。"

"方之外"是与"方之内"相对的概念，用来形容孟子反、子琴张等超脱礼教之外，不受礼教束缚之人，即孔子在文末评价的"芒然彷徨乎尘垢之外，逍遥乎无为之业"者。无独有偶，在《世说新语·任诞篇》中，也有一则关于阮籍丧母时不拘礼教的记录。

阮步兵丧母，裴令公往吊之。阮方醉，散发坐床，箕踞不哭。裴至，下席于地，哭吊喭毕，便去。或问裴："凡吊，主人哭，客乃为礼。阮既不哭，君何为哭？"裴曰："阮方外之人，故不崇礼制；我辈俗中人，故以仪轨自居。"时人叹为两得其中。

"以仪轨自居"的裴楷自称"俗中人"，而称"不崇礼制"的阮籍为"方外之人"。可见，"方外"是与在体制内恪守儒家礼教的"方之内""俗中人"相对，用来形容"越名教而任自然"的竹林七贤等隐者的。《晋书》（卷四十九）《阮籍列传》中"阮籍既方外之士，故不崇礼典。我俗中之士，故以轨仪自居"亦可见"方外之士"等类似表现。综上，"方外"以及由此衍生的"方外之人""方外之士"等，均为形容隐者特质的文学表现。而"方外"这一隐逸表现很快便被僧侣借用。如《弘明集》（卷五）所引慧远《沙门不敬王者论·出家第二》中的"出家则是方外之宾"，《高僧传》（卷七）《释昙斌传》中的"贫道方外之人，岂宜与天子同游"，僧侣也开始以"方外"自居。《弘明集》（518 年）与《高僧传》（519 年）同是梁代成书的佛教相关著述，而值得关注的是，在两部著作中"方外"一词的用例分别检索出十五例和五例。① 从中可以看出当时僧侣的自我认知，以及"佛""隐"融合的一个侧面。

"方外"本为形容隐者特质的文学表现，而随着佛教中国化的推进，进而被僧侣借用。其语义的扩大，使得隐者与僧侣的区别在文学表现中趋于暧昧，二者以超脱礼教、摒弃世俗等反俗志向为纽带建立了联系。

二、闲居

"闲居"一词，源自《礼记》，较早可见于《庄子·在宥》。

> 黄帝立为天子十九年，令行天下，闻广成子在于空同之山，故往见之，曰："我闻吾子达于至道，敢问至道之精。吾欲取天地之精，以佐五谷，以养民人，吾又欲官阴阳，以遂群生，为之奈何？"

---

① 据大藏经文本数据库研究会制作的《SAT 大正新修大藏经文本数据库 2007 年版》检索结果。

广成子曰："而所欲问者，物之质也；而所欲官者，物之残也。自而治天下，云气不待族而雨，草木不待黄而落，日月之光益以荒矣。而佞人之心翦翦者，又奚足以语至道哉！"

黄帝退，捐天下，筑特室，席白茅，间居三月，复往邀之。

黄帝去拜访广成子请教至道的精华，却遭到了广成子的批评。于是黄帝退回，抛弃政事，筑一间别室，铺着白茅，闲居了三个月。此处的"间［闲］居"，是以"捐天下"为前提的，即不问政治、闭关独处的一种状态。而据《史记·司马相如列传》记载，"相如口吃而善著书，常有消渴疾。与卓氏婚，饶于财。其进仕官，未尝肯与公卿国家之事，称病闲居，不慕官爵。"司马相如虽然没有如隐者一般"称疾不就"，却不积极参与国家政事，不热衷于功名利禄的追求，常以疾病为由闲养在家。由以上两个用例可见，"闲居"是与从政相反的一种生活状态。《史记》之后，正史中"闲居"一词的用例愈发多见。

竦生长京师，不乐本土，自负其才，郁郁不得意。尝登高远望，叹息言曰："大丈夫居世，生当封侯，死当庙食。如其不然，闲居可以养志，诗书足以自娱，州郡之职，徒劳人耳。"后辟命交至，并无所就。（《后汉书》卷三十四·《梁统列传》）

今我（郑玄，笔者注）告尔以老，归尔以事，将闲居以安性，覃思以终业。（《后汉书》卷三十五·《张曹郑列传》）

兄臧为南平太守，逼与俱还，乃於江陵三湖立宅，闲居无

事。高祖召为太尉参军，不就。（《宋书》卷九十三·隐逸列传·《宗炳传》）

既而闲居读《老》《易》，入庐山事沙门释慧远。时彭城刘遗民遁迹庐山，陶渊明亦不应征命，谓之"寻阳三隐"。以为身不可遣，余累宜绝，遂终身不娶妻，布衣蔬食。（《宋书》卷九十三·隐逸列传·《周续之传》）

尝就沙门支僧纳学，妙尽其能。竟陵王义宣自京口迁镇江陵，要康之同行，距不应命。元嘉中，太祖闻康之有学义，除武昌国中军将军，蠲除租税。江夏王义恭、广陵王诞临南徐州，辟为从事、西曹，并不就。弃绝人事，守志闲居。（《宋书》卷九十三·隐逸列传·《关康之传》）

《后汉书》中，竦在仕途不得志时发出"闲居可以养志，诗书足以自娱"的叹息，郑玄在告老还乡时表明"将闲居以安性，贾思以终业"。《后汉书》的两例"闲居"，均继承了《庄子》《史记》用例中脱离政治的含义，并明确了"闲居"养志、安性的目的。而在《宋书》中，"闲居"的用例明显增多，且直接用于记述"寻阳三隐"等隐逸传中的隐者，更加明确了"闲居"与出仕、从政对立的语义，正如最后一例中所述"弃绝人事，守志闲居"。"闲居"是为了自身理想境界的追求而自愿放弃从政，远离官场、不问世事，独自一人享受安静、悠闲的生活状态。

有关中国古代文学作品中的"闲居"，《文选》所收西晋潘岳的《闲居赋》可谓代表之作。在解题中，李善注曰："闲居赋者，此盖取于礼篇不知世事闲静居坐之意也。"对"闲居"的词义进行了阐释。潘岳在序文中回顾了三十年的为官生活，感慨仕途沉浮，进而产生了归隐之念：

> 于是览止足之分，庶浮云之志，筑室种树，逍遥自得。池沼足以渔钓，春税足以代耕。灌园粥蔬，以供朝夕之膳；牧羊酤酪，以俟伏腊之费。孝乎惟孝，友于兄弟，此亦拙者之为政也。乃作闲居赋，以歌事遂情焉。

渔钓、躬耕、灌溉、放牧，孝顺父母，友善兄弟，寥寥数句，勾勒出一幅知足安分、逍遥自得、其乐融融的田园闲居画面。潘岳在作品中吟咏道："有道余不仕，无道吾不愚。何巧智之不足，而拙艰之有余也。于是退而闲居，于洛之涘。身齐逸民，名缀下士。"其中，"逸民"即《论语·微子篇》中列举的伯夷、叔齐、柳下惠等节行超逸之人。从"有道余不仕""退而闲居""身齐逸民"等语句可见，作者潘岳有意识地将自己描绘成一位归隐田园的隐者形象。而另一位归隐田园型隐者形象的典型代表陶渊明，在其诗作中也屡次讴歌闲居之乐。例如《答庞参军并序》（《陶渊明集》卷之一）中的"衡门之下，有琴有书。载弹载咏，爰得我娱。岂无他好，乐是幽居。朝为灌园，夕偃蓬庐"，描绘了清心寡欲、怡然自得的闲居生活。陶渊明的诗作中还经常将官场与闲居并提，使二者形成鲜明的对照。

《归园田居五首》其一（《陶渊明集》卷之二）
少无适俗韵，性本爱丘山。

误落尘网中，一去三十年。

羁鸟恋旧林，池鱼思故渊，

开荒南野际，守拙归园田。

方宅十余亩，草屋八九间，

榆柳荫后檐，桃李罗堂前。

暧暧远人村，依依墟里烟，

狗吠深巷中，鸡鸣桑树颠。

户庭无尘杂，虚室有余闲，

久在樊笼里，复得返自然。

　　显然，此处的"尘网"指的就是官场的羁绊。"少无适俗韵，性本爱丘山。误落尘网中，一去三十年"，表露了作者被官场生活所束缚，身不由己的无奈。"羁鸟恋旧林，池鱼思故渊"一句，作者将置身险恶官场、失去自由的苦闷，比喻成了笼中之鸟、池中之鱼。而最终过上"户庭无尘杂，虚室有余闲"的田园闲居生活，仿佛"久在樊笼里，复得返自然"的鸟儿重获自由。陶诗中所表现的对官场世情的厌恶与对田园闲居的喜爱形成了鲜明的对照。综上所述，中国古代文学中的"闲居"，是归隐田园型隐者形象的理想归宿，是厌离官场者所向往的理想空间。

　　另一方面，在佛教典籍中，"闲居"一词很早便出现在汉译佛经中。如西晋著名译经家竺法护所译《正法华经》（286 年）中，可见"佛为三界，救度无余，游在闲居，若坐林树，则常应时，将护三处"（卷第二）、"当入深山闲居独处，除诸情欲尔乃有获"（卷第三）等用例。显然，竺法护只借用了《庄子》黄帝闲居用例中"闲居"闭关独处的一面，而舍弃了不问政事的一面。并将"闲居"的目的转化为"除诸情欲"的佛道修行。正如前文所引《宋书·隐逸列传》"闲居"用例中"既而闲居读《老》《易》，入庐山事沙门释慧远"（《宋书·隐逸列传·周续之传》）、"尝就沙门支僧纳学，妙尽其能"（《宋书·隐逸列传·关康之传》）的记述，随着佛教中国化的日益推进、隐者与僧侣交流的日渐频繁，佛典中"闲居"的用例也逐渐增多。梁代慧皎撰《高僧传》（519年）中，可见如下"闲居"用例：

> 及帝崩汰死，壹乃还东，止虎丘山。学徒苦留不止，乃令丹阳尹移壹还都，壹答尹曰："盖闻大道之行，嘉遯得肆其志。唐虞之盛，逸民不夺其性。（中略）今若责其属籍，同役编户，恐游方之士，望崖于盛世，轻举之徒，长往而不反。亏盛明之风，谬主相之旨。且荒服之宾，无关天台；幽薮之人，不书王府。幸以时审谶，而后集也。"壹于是闲居幽阜，晦影穷谷。（《高僧传》卷五·《竺道壹传》）

> 谛后游览经籍，遇目斯记，晚入吴虎丘寺，讲《礼》《易》《春秋》各七遍，《法华》《大品》《维摩》各十五遍。又善属文翰，集有六卷，亦行于世。性爱林泉，后还吴兴，入故章崐山，闲居涧饮二十余载。（《高僧传》卷七·《竺道壹传》）

> 后还都，止定林上寺。闲居养素，毕命山门。诵《法华》，日限一遍，心敏口从，恒有余力。礼千佛，凡一百五十余万拜，足不出门三十余载。（《高僧传》卷十二·《释超辩传》）

由以上"闲居幽阜，晦影穷谷""入故章崐山，闲居涧饮二十余载""闲居养素，毕命山门"等表述可知，僧侣之"闲居"，多择山林幽谷、人迹罕至之地，与归隐田园、同家人其乐融融的隐者之"闲居"风格迥异。而僧侣诵经、礼佛等致力于佛道修行的闲居日常，与隐者诗书自娱、躬耕垂钓、悠然自得的闲居生活也大相径庭。《高僧传》中甚至出现了用"闲居"命名的"闲居寺"，可见"闲居"一词经过汉译佛经最初的借用，已完全被僧侣接纳，与佛教融合。而在天台三大部之一《摩诃止观》关于"五缘"的论述中，"闲居"俨然成为佛道修行的一种方法：

> 一具五缘者，一持戒清净，二衣食具足，三闲居静处，四息诸缘务，五得善知识。禅经云：四缘虽具足开导由良师。故用五法为入道梯蹬，一阙则妨事，释此具如次第禅门。（《摩诃止观》卷四·上）

有关"闲居静处"，《摩诃止观》中进一步阐述如下：

> 第三闲居静处者，虽具衣食住处云何，若随自意触处可安。三种三昧必须好处，好处有三：一深山远谷，二头陀抖擞，三兰若伽蓝。若深山远谷途路艰险，永绝人踪谁相恼乱，恣意禅观念念在道，毁誉不起是处最胜。二头陀抖擞，极近三里交往亦疏觉策烦恼，是处为次。三兰若伽蓝闲静之寺，独处一房不干事物，闭门静坐正谛思惟，是处为下。（《摩诃止观》卷四·下）

也就是说，"闲居静处"具体有三个最佳选择：一是深山远谷，二是远离人群的偏僻之处，三是寺庙。由此可见，僧侣之"闲居"，已成为隔绝世俗烦恼、可专心佛教修行的佳境，抑或是从事佛教修行的条件、方法，"闲居"自身并不是目的。与此相对，隐者之"闲居"，则是摆脱官场烦累、享受悠然自得的生活状态，"闲居"自身便是目的，这也是执着于现世的一种表现。隐者之"闲居"与僧侣之"闲居"虽有不同，但在否定名利、超越世俗、闲静独处等方面具有一致性，因此可以拿来借用，甚至纳入佛教体系。

以上，对"方外""闲居"等隐逸表现在《高僧传》等佛教典籍中的借用情况进行了具体考察，揭示了佛教在传入中国的初期阶段本土化过程中的一个侧面，也反映了当时人们对僧侣、僧格的认知。而借用隐逸表现塑造僧侣形象的手法，在之后成书的《续高僧传》《广弘明集》等佛教典籍中仍被沿用，可谓中国僧传文学的表现特征之一。这些隐逸表现的借用，不仅凸显了僧侣脱俗、反世俗的僧格特征，而且成为隐者与僧侣在文学表现中建立联系的桥梁，为僧传文学中隐者形象的投影奠定了基础。

第三节　隐者型僧侣形象的类型特征

在本章第一节，对中国古代典籍中出现的拒官不仕型隐者形象、佯狂型隐者形象、归隐田园型隐者形象、投身"无用"型隐者形象进行了分类考察，并简要归纳了各类隐者形象的特征。这些中国古代典籍中的隐者形象，成为一代代尚隐之士追随的典范，对后世的传记文学亦产生了深远影响。而随着佛教的传入，以及佛经汉译、玄佛合流、名士名僧交流等佛教中国化的不断推进，人们对僧侣、僧格的认知也逐渐中国化，甚至出现了把名僧与隐者、名士相比附的言论。例如，东晋的孙绰"以天竺七僧方竹林七贤"，作《道贤论》，可见世风之变。以此为背景成书的《弘明集》《高僧传》等佛教文集、僧传文学中，出现了大量对隐逸表现的借用，以及对固有的古代典籍中隐者形象塑造手法的借鉴。受中国古代典籍中隐者形象的影响，中国历代高僧传中也陆续出现了具有隐者特征的僧侣形象，即隐者型僧侣形象。本节主要以《高僧传》为例，就中国古代典籍中的典型隐者形象对僧侣形象塑造的影响以及隐者型僧侣形象的类型特征进行具体论证。

之所以选取《高僧传》，主要缘于撰者慧皎的写作动机、所持僧侣观以及对僧传命名的独到见解。

有关前述《道贤论》一文，值得注意的是，该论全文不存，仅存的文字片段却散见于《高僧传》①，显示出撰者慧皎对《道贤论》的高度重视，以及对把僧侣与隐者相比附这一方式的认同。在《高僧传》卷十四的《序录》中，慧皎论及《幽明录》《冥祥记》《三藏记》等先行僧传作品，对其整体进行如下评价：

　　然或褒赞之下，过相揄扬；或叙事之中，空列辞费。求之实理，无的可称。或复嫌以繁广，删减其事，而抗迹之奇，多所遗削，谓出家之士，处国宾王，不应励然自远，高蹈独绝。

---

① 严可均. 全上古三代秦汉三国六朝文·第四册晋：上［M］. 石家庄：河北教育出版社，1997：643－644.

寻辞荣弃爱，本以异俗为贤。若此而不论，竟何所纪。

上述评语表明了慧皎对已有僧传的不满，显示出其在写作动机、传记取材等方面不同于以往僧传作者的立场和观点。他强调，僧传本应记载僧侣放弃荣华富贵与家庭亲情等不同于世俗的高贵品质，彰显超凡脱俗的僧格魅力。为了广泛搜集资料，慧皎不仅阅读了数十种僧传作品，而且博览了晋、宋、齐、梁等历代史书。

尝以暇日，遇览群作。辄搜捡杂录数十余家，及晋、宋、齐、梁、春秋书史，秦、赵、燕、凉荒朝伪历，地理杂篇，孤文片记。并博咨故老，广访先达，校其有无，取其同异。

这些史书中记载的大量隐逸传，也就自然而然地进入了撰者的视野。在《序录》的末尾，慧皎对《高僧传》的命名阐述如下：

自前代所撰，多曰名僧。然名者，本实之宾也。若实行潜光，则高而不名；寡德适时，则名而不高。名而不高，本非所纪；高而不名，则备今录。故省名音，代以高字。

不因袭已有僧传中的"名僧"，而代之以"高僧"，可见慧皎心目中的理想僧侣形象，不是沽名钓誉之辈，而是德行高尚且韬光养晦之人。持此观念的撰者在高僧形象的塑造中，借用隐逸表现，甚至援用历代史书中隐者形象的塑造手法，也就不足为奇了。下面，将具体阐述《高僧传》中隐者型僧侣形象的类型特征。

一、狂僧

无论是《论语·微子篇》中的接舆、箕子，还是《世说新语·任诞篇》中的竹林七贤，中国古代典籍中的佯狂隐者都以异于常人的鲜明特征给人留下了深刻的印象。受中国古代典籍中佯狂型隐者形象的影响，《高僧传》中也陆续出现了具有"佯狂"特征的"狂僧"形象。这些"狂僧"形象多集中于《高僧传》神异部，其特征主要表现在外貌奇特、不持斋戒、行迹诡异等方面。

例如，《高僧传》神异下所收《杯度传》云：

> 杯度者，不知姓名。常乘木杯度水，因而为目。初见在冀州。不修细行，神力卓越，世莫测其由来。尝于北方寄宿一家。家有一金像，度窃而将去。家主觉而追之，见度徐行，走马逐而不及。至孟津河浮木杯于水，凭之度河，无假风棹，轻疾如飞。俄而度岸。达于京师。见时可年四十许，带索褴缕，殆不蔽身。言语出没，喜怒不均。或严冰扣冻而洗浴，或着屐上山，或徒行入市。唯荷一芦圌子，更无余物。

撰者首先介绍了杯度之名的来历，接着又描绘了其不修边幅的外貌"带索褴缕，殆不蔽身"。可见杯度的衣着不同于常人，其日常言行也异乎寻常。杯度为何要以此面貌游走于俗世呢？接下来的记载中蕴含了答案。杯度走到一个村子，村里的李家正在进行八关斋戒，"（杯度）乃直入斋堂而坐，置芦圌于中庭。众以其形陋，无恭敬心"。而当李家觉察到其神异，想要追觅时，却已"不知所在"。可见，杯度的丑陋外表是为了遮掩其"神力卓越"的一种手段罢了。此类外貌特征在《高僧传》神异部的其他"狂僧"传记中也多有记载。如《史宗传》载"常着麻衣，或重之为纳，故世号麻衣道士。身多疮疥，性调不恒"；《邵硕传》载"居无常所，恍惚如狂，为人大口，眉目丑拙。小儿好追而弄之"；《保志传》载"至宋太始初，忽如僻异，居止无定，饮食无时，发长数寸，常跣行街巷，执一锡杖，杖头挂剪刀及镜，或挂一两匹帛"；等等。《高僧传》中的"狂僧"，其外貌或丑陋，或寒酸，或肮脏，令人鄙夷生厌、轻蔑讥讽。而其貌不扬的外形恰恰是"狂僧"隐藏其高僧身份的一种手段，正所谓《高僧传》神异部结尾之论曰："韬光晦影，俯同迷俗。"不禁使人联想到中国古代典籍中为免遭暴君纣王迫害而被发佯狂的箕子，虽然"佯狂"的目的不一，但手段相同。

《杯度传》中另一个体现"狂僧"特征的表现便是不持斋戒。据《杯度传》载："度不甚持斋，饮酒啖肉，至于辛脍，与俗不殊。"纵观《高僧传》神异部，不遵守清规戒律的"狂僧"并不在少数，例如《邵硕传》载"或入酒肆与人酣饮"；《保志传》载"又时就人求生鱼脍，人为办觅，致饱乃去。还视盆中，鱼游活如故"。众所周知，作为佛门弟子，应严格遵守佛教戒律，其中最基本的就是"五戒"，即一不杀生，二不偷盗，三不邪淫，四不妄语，五不饮酒。而《高僧传》中所记载的"狂僧"，则是大开杀戒、浑戒，饮酒食肉不异俗人，与一般的僧侣截然不同。"狂僧"不受佛教戒律束缚、放荡不羁的破戒行为，与《世说新语·任诞篇》所载阮籍丧母时饮酒吃肉、"箕踞不哭"等"越名教而任自然"的行为如出一辙。皈依佛门的"狂僧",与身在体制之内的阮步兵一样,本应遵守佛教修行的规则、寺庙教团体制的约束。而"狂僧"的破戒行为,与竹林七贤等隐者反抗世俗礼法的行为本质上是相同的,是对即成佛教体制的挑战,是对俗僧的不屑。

《杯度传》所体现的第三个"狂僧"特征是行迹诡异,表现之一为"居止无定"。《杯度传》中多次出现"世莫测其由来""明晨见粮食具存,不知度所在""度犹停都少时,游止无定,请召,或往不往"等记述,甚至在传末以"齐谐等拜送殷勤,于是绝迹。顷世亦言时有见者,既未的其事,故无可传也"结尾。可见杯度并未归属于某个特定的寺院,其行踪神秘莫测。其他"狂僧"传中也有类似记载。如《史宗传》载"栖憩无定所,或隐或显……而韬光隐迹,世莫之知";《邵硕传》载"居无常所,恍惚如狂……其迹诡异,莫可测也。后竟不知所终";《保志传》载:"少出家,止京师道林寺,师事沙门僧俭为和上,修习禅业。至宋太始初,忽如僻异,居止无定";等等。这些"居止无定"的"狂僧"形象,其原型可追朔到正史中的隐逸传。例如,《晋书·隐逸列传》中载:

孙登字公和,汲郡共人也。无家属,于郡北山为土窟居之,夏则编草为裳,冬则被发自覆。好读《易》,抚一弦琴,见者皆亲乐之。(中略)竟不知所终。(《孙登传》)

董京字威辇,不知何郡人也。初与陇西计吏俱至洛阳,被发而行,逍遥吟咏,常宿白社中。时乞于市,得残碎缯絮,结以自覆,全帛佳绵则不肯受。或见推排骂辱,曾无怒色。(中略)后数年,遁去,莫知所之,于其所寝处惟有一石竹子及诗

二篇。(《董京传》)

　　石垣字洪孙，自云北海剧人。居无定所，不娶妻妾，不营产业，食不求美，衣必粗弊。（中略）姚苌之乱，莫知所终。（《石垣传》）

"竟不知所终""莫知所之""居无定所""莫知所终"，这些似曾相识的文字表述，揭示了撰者慧皎对史书中隐逸传的模仿与借鉴。上述佯狂隐者不仅行踪莫测，甚至体貌特征与"狂僧"也有很多类似之处。表现之二为言行癫狂。《杯度传》载："言语出没，喜怒不均。或严冰扣冻而洗浴，或着屐上山，或徒行入市。唯荷一芦圌子，更无余物。"又如《邵硕传》载"出入行住，不择昼夜"；《保志传》载"常跣行街巷，执一锡杖，杖头挂剪刀及镜，或挂一两匹帛。齐建元中，稍见异迹。数日不食，亦无饥容。与人言语，始若难晓，后皆效验"。这些"性调不恒"（《史宗传》）、"恍惚如狂"（《邵硕传》）的言行特征，使得"狂僧"形象更加生动逼真、神秘莫测。表现之三为"神力卓越"。杯度能乘木杯度水的神功自不必说，《杯度传》中还记载了杯度的其他"神力"，例如：

　　至孟津河浮木杯于水，凭之度河，无假风棹，轻疾如飞。俄而度岸，达于京师。

　　后东游入吴郡。路见钓鱼师，因就乞鱼。渔师施一璅者。度手弄反覆，还投水中，游活而去。

　　时南州有陈家，颇有衣食，度往其家，甚见料理。闻都下复有一杯度，陈家父子五人咸不信，故下都看之，果如其家杯度，形相一种。

　　都下杯度犹去来山邑，多行神咒。时庾常婢偷物而叛，四追不擒，乃问度。度云："已死在金城江边空冢中。"往看，果如所言。

　　上述疾走如风、死而更胜、分身之术、预测未来等非凡本领，充分显示了杯度的"神力卓越"。其他"狂僧"传中也大量记载了诸如此类的奇门异术，彰显了"狂僧"形象的神异，在此不一一赘述。

　　以上，主要以《高僧传》神异部所收《杯度传》为线索，考察了"狂僧"形象的特征及与中国古代典籍中的佯狂型隐者形象之间的联系。正如编者慧皎在《高僧传》神异部末尾的"论"中所言："或韬光晦影，俯同迷俗，或显现神奇，遥记方兆"，"光虽和而弗污其体，尘虽同而弗渝其真"。杯度、保志、史宗、邵硕等"狂僧"正是所谓"和光同尘"的真实写照。为了做到身处世俗又超然物外，他们都选择了"佯狂"。"狂僧"的"佯狂"，虽源自中国古代典籍之"佯狂"，但其目的已发生了变化。不同于隐者远离官场的"佯狂"，高僧传中"狂僧"之"佯狂"，是作为与俗世保持距离、与俗僧相区别的手段。"狂僧"是独自游走于寺庙体制、教团组织之外的异端，以外貌奇特、不持斋戒、行迹诡异的鲜明特征独树一帜，俨然成为僧侣群体中的"隐者"。

二、诗僧

　　佛教传入中国后，与中国固有的思想文化不断融合，对中国的哲学思想、文学艺术、社会文化等诸多领域产生了深远影响。而佛教与诗歌的结合，促成了"诗僧"的出现。所谓"诗僧"，是指"善诗的或以诗名世的出家僧侣"①。可见，"诗僧"是兼有诗人和僧人双重身份的特殊群体。《高僧传》义解篇中记载了大量博学多才、熟谙内外典籍、儒玄并举的学僧，这些学僧为佛经汉译、佛教本土化做出了重要贡献。其中不乏能诗善文、以诗阐佛的名僧，可谓中国"诗僧"之源。支遁便是其中的一位。《高僧传·支遁传》记载：

> 支遁，字道林，本姓关氏，陈留人，或云河东林虑人。幼有神理，聪明秀彻。初至京师，太原王濛甚重之，曰："造微之功，不减辅嗣。"陈郡殷融尝与卫玠交，谓其神情俊彻，后进莫有继之者。及见遁，叹息以为重见若人。家世事佛，早悟非常之理。隐居余杭山，深思《道行》之品，委曲《慧印》之经，卓焉独拔，得自天心。年二十五出家，每至讲肆，善标宗会。而章句或有所遗，时为守文者所陋。谢安闻而善之，曰："此乃九方堙之相马也，略其玄黄，而取其骏逸。"王洽、刘恢、殷浩、许询、郄超、孙绰、桓彦表、王敬仁、何次道、王文度、谢长遐、袁彦伯等，并一代名流，皆着尘外之狎。
>
> 遁尝在白马寺与刘系之等谈《庄子·逍遥》篇，云："各适性以为逍遥。"遁曰："不然，夫桀跖以残害为性，若适性为得者，彼亦逍遥矣。"于是退而注《逍遥》篇。群儒旧学，莫

---

① 仪平策.中国诗僧现象的文化解读［J］.山东大学学报（哲学社会科学版），1994（2）：41.

不叹服。

　　支遁自幼聪慧，才学卓越，早悟佛理，二十五岁出家之后仍与名士、文人保持着亲密的交往。且善老庄，好清谈，《世说新语》中支遁清谈的相关记载近五十条，足以证明其作为一代高僧在东晋清谈场上的活跃程度。难怪当时的名士纷纷对其赞不绝口：

　　　　郗超问谢安："林公谈何如嵇中散？"安曰："嵇努力裁得去耳。"又问："何如殷浩？"安曰："亹亹论辩，恐殷制支，超拔直上渊源，浩实有惭德。"郗超后与亲友书云："林法师神理所通，玄拔独悟。实数百年来，绍明大法，令真理不绝，一人而已。"

　　至其辞世，"郗超为之序传，袁宏为之铭赞，周昙宝为之作诔。孙绰《道贤论》以遁方向子期，论云：'支遁、向秀雅尚《庄》《老》。二子异时，风好玄同矣。'"支遁作为高僧，"神理所通，玄拔独悟"，注《安般》《四禅》诸经，讲《维摩经》等；作为名士，"标揭新理，才藻惊绝"，与众名流谈《庄子·逍遥》等篇；作为诗人，容佛理于诗文，"凡遁所著文翰集有十卷盛行于世"。总之，支遁作为早期的诗僧，为佛教在名士阶层的传播和佛教本土化的发展发挥了重要作用，促进了佛教与老庄思想的融合，及诗文对佛经的容摄①。

---

　　① 有关支遁诗文对佛经的容摄，详见李秀花. 论支遁诗文对汉译佛经之容摄［J］. 西南交通大学学报（社会科学版），2011（5）：8－12.

纵观《高僧传·支遁传》全篇，不难发现一个显著的特点，即支遁上书皇帝离京归山的告辞书内容占据了传记篇幅的近三分之一。

　　遁顿首言：敢以不才，希风世表，未能鞭后，用惩灵化。盖沙门之义，法出佛之圣，雕纯反朴，绝欲归宗。（中略）贫道野逸东山，与世异荣，菜蔬长阜，漱流清壑，繿缕毕世，绝窥皇阶。不悟乾光曲曜，猥被蓬荜，频奉明诏，使诣上京，进退维谷，不知所厝。自到天庭，屡蒙引见，优以宾礼，策以微言。每愧才不拔滞，理无拘新，不足对扬玄谟，允塞视听，踟蹰侍人，流汗位席。曩四翁赴汉，于木蓍魏，皆出处有由，默语适会。今德非昔人，动静乖理，游魂禁省，鼓言帝侧，将困非据，何能有为。且岁月儵俛俯，感若斯之叹，况复同志索居，综习辽落，回首东顾，孰能无怀。上愿陛下，特蒙放遣，归之林薄，以鸟养鸟，所荷为优。

告辞书中支遁首先强调了"沙门"，即佛教的宗旨，应断绝欲望而归于宗本。进而以"贫道"自居，阐明了"野逸东山，与世异荣"的修行生活与京城奢华生活的不同。之后表达了奉命晋京时的"进退惟谷，不知所厝"，及伴君侧时才疏学浅、局促不安的羞愧之情，并指出在皇宫的一举一动实则有悖于自己的初衷。最后以鸟自喻，恳请皇帝"特蒙放遣，归之林薄，以鸟养鸟，所荷为优"，吐露了回归山林的迫切愿望。这与陶渊明"羁鸟恋旧林，池鱼思故渊"（《归园田居五首》其一）等诗句中所表达的对重返自然、重获自由的渴望如出一辙。受帝王之命，召见晋京，本是无比荣耀之事，而在支遁看来，却是一种违背佛教宗旨、沙门身份的两难之事。其对皇帝之命的拒绝，正是中国早期僧人不同于世俗名流的反世俗行为。

无独有偶，这种拒绝皇帝之命的反世俗行为，同样出现在《高僧传·慧远传》中。

> 弱而好书，珪璋秀发，年十三，随舅令狐氏游学许、洛。故少年为诸生，博综六经，尤善《庄》《老》。性度弘博，风鉴朗拔，虽宿儒英达，莫不服其深致。
>
> 后闻安讲《般若经》，豁然而悟，乃叹曰："儒道九流，皆糠秕耳。"便与弟惠持投簪落发，委命受业。
>
> 常有客听讲，难实相义，往复移时，弥增疑昧。远乃引《庄子》义为连类，于惑者晓然。是后，安公特听慧远不废俗书。

可见慧远"学问兼综玄释，并擅儒学"①，是由儒教转佛教的高僧，并善于援用老庄思想来解释佛教教义。与支遁类似，慧远门下也聚集了很多追随者，其中不乏与陶渊明并称"浔阳三隐"的刘遗民、周续之，以及隐逸不仕的宗炳、张野、张诠等隐者。② 而慧远自身也是拒官不仕的践行者。

---

① 汤用彤. 汉魏两晋南北朝佛教史：上［M］. 北京：中华书局，2016：255.

② 据《高僧传》载，"既而谨律息心之士，绝尘清信之宾，并不期而至，望风遥集。彭城刘遗民，豫章雷次宗，雁门周续之，新蔡毕颖之，南阳宗炳、张莱民、张季硕等，并弃世遗荣，依远游止"。见（梁）释慧皎. 高僧传［M］. 朱恒夫，王学钧，赵益，注译. 西安：陕西人民出版社，2009：283.

　　后桓玄征殷仲堪，军经庐山，要远出虎溪。远称疾不堪。玄自入山，（中略）玄后以震主之威，苦相延致，乃贻书骋说，劝令登仕。远答辞坚正，确乎不拔，志逾丹石，终莫能回。

　　桓玄征讨殷仲堪行军经过庐山时，邀请慧远出虎溪，慧远以患病为由拒绝。后桓玄凭借主宰朝政的震主之威，频频致信慧远，劝其出山为官，被慧远严词拒绝。当朝廷引发沙门是否应当礼敬王者之争、无法决定时，桓玄又写信请教慧远，慧远首先阐明了沙门的概念，"谓能发蒙俗之幽昏，启化表之玄路，方将以兼忘之道，与天下同往"，并表明自身的观点，"又袈裟非朝宗之服，钵盂非廊庙之器，沙门尘外之人，不应致敬王者"。桓玄篡夺帝位后，慧远于是著《沙门不敬王者论》，自此，沙门才得以保全自身出家人的行迹。到桓玄逃亡，晋安帝返回京师时，辅国大臣劝说慧远途中候见皇帝，慧远又"称疾不行"。"自远卜居庐阜，三十余年，影不出山，迹不入俗，每送客游履，常以虎溪为界焉。"有关慧远作为诗僧的成就，本传末尾有如下评价：

　　初，远善属文章，辞气清雅，席上谈吐，精义简要。加以容仪端整，风彩洒落，故图像于寺，遐迩式瞻。所著论、序、铭、赞、诗、书、集为十卷，五十余篇，见重于世焉。

　　对比《高僧传》中的《支遁传》和《慧远传》，不难发现早期诗僧有以下共同特征：其一，多为成年出家，自幼才学出众，精通内外典籍，尤善老庄，其出家可谓由士转僧的文人出家；其二，出家后仍然保持与名士、隐者的密切交流，好清谈，并善于以玄阐佛、以文赞佛；其三，对沙门身份有明确认知，"高尚其事"，"与世异荣"，虽受到朝廷权贵的赏识与褒奖，却敢于谢绝皇帝之命，拒官不仕。以上特征与佛教传入中国初期的历史背景是密不可分的。魏晋时期玄学的盛行，为文人出身的诗僧在佛教领域施展才华提供了契机。诗僧成为"佛""隐"融合的媒介之一，促进了佛教与老庄的融合、僧人与隐者的交流，及诗文对佛经的容摄，大大推进了佛教在中国本土化的进程。而《高僧传》早期诗僧拒官不仕的沙门形象，与《后汉书》《晋书》等史书的逸民和隐逸列传中记载的大量"高尚不仕""称疾不就"①的隐者形象极为相似。恰恰因为诗僧拒绝帝命的高尚行为，才更加受到帝王的尊敬、众多名士的追随，凸显了早期汉僧与世俗的区别。

中唐以后，"诗僧"群体逐渐形成，至晚唐五代，甚至出现以贾岛为代表的苦吟派，正如"两句三年得，一吟双泪流"（《题诗后》），他们对待诗歌创作严谨认真、反复推敲，不惜耗费大量的时间和精力，一度达到痴迷的程度。投身"无用"型隐者形象中，有为了净化心灵、陶冶情操而远离尘世，长年沉浸于琴棋书画的风雅生活者，但作为僧侣却不能终日作诗而置佛教修行于不顾。关于"诗僧"如何解决诗歌吟咏与佛教修行之间的矛盾，详见本书第三章的论述。

---

① （唐）房玄龄，等撰. 晋书·卷九十四隐逸·龚玄之传［M］. 北京：中华书局，1974：2460.

三、闲居僧

通过本章第二节中对"闲居"一词的考察可知，"闲居"本是以陶渊明为代表的归隐田园型隐者形象的理想归宿，后为佛教所借用，成为专心修佛之佳境。在对佛教典籍中的借用情况进行考察时，笔者曾列举了《高僧传》中的三个"闲居"用例。而以独居岩穴、静心禅坐见长的"闲居僧"形象，其实多集中于《高僧传》（卷十一）习禅部。以置于卷首的《竺僧显传》为例：

> 竺僧显，本姓傅氏，北地人。贞苦善戒节，蔬食诵经，业禅为务。常独处山林，头陀人外。（《竺僧显传》）

"贞苦善戒节，蔬食诵经，业禅为务"，揭示了"闲居僧"谨守戒律，素食诵经，专心修行的特征，这与不修边幅、不持斋戒的"狂僧"形象形成了鲜明的对比。再如，《释慧嵬传》载"戒行澄洁"，《支昙兰传》载"少蔬食乐禅，诵经三十万言"，《释法成传》载"十六出家，学通经律。不饵五谷，唯食松脂，孤居岩穴，习禅为务"等，均体现了"闲居僧"的这一特征。

而《竺僧显传》中"常独处山林"的描述，则凸显了"闲居僧"的又一特征。纵观"闲居僧"隐居场所及修行状态的记述，如：

> 释慧嵬，不知何许人。止长安大寺。戒行澄洁，多栖处山谷，修禅定之业。（《释慧嵬传》）

支昙兰，青州人。少蔬食乐禅，诵经三十万言。晋太元中游剡，后憩始丰赤城山，见一处林泉清旷而居之。（《支昙兰传》）

释净度，吴兴余杭人。（中略）度乃心悟，因摧弓折矢，出家蔬食。诵经三十余万言。常独处山泽，坐禅习诵。（《释净度传》）

释普恒，姓郭，蜀郡成都人也。为儿童时，常于日光中见圣僧在空中说法，向家人叙之，并未之信。后苦求出家，止治下安乐寺。独处一房，不立眷属，习靖业禅，善入出住。（《释普恒传》）

上述"多栖处山谷""后憩始丰赤城山，见一处林泉清旷而居之""常独处山泽，坐禅习诵""独处一房，不立眷属，习靖业禅，善入出住"等表述，可见"闲居僧"之"闲居"，必须具备两个要素。要素之一是独居。尤其是最后一例中的"不立眷属"，道出了僧侣之"闲居"的严苛。而隐者之"闲居"，好享独处，但也不排斥家人、亲友。例如归隐田园型隐者形象的代表陶渊明，其作品《归去来兮辞》中"僮仆欢迎，稚子候门""悦亲戚之情话，乐琴书以消忧"的诗句，洋溢着其乐融融的生活情趣。正可谓脱离政治，但又不远离人伦。隐者之"闲居"与僧侣之"闲居"的不同，本质上缘于隐逸与出家的不同。要素之二是人迹罕至的山谷，即《摩诃止观》所述"深山远谷"。"山谷""林泉"，依山傍水，"清旷"幽静，可谓修禅念佛之佳境。难怪《摩诃止观》将其列为"闲居静处"之首选，并赋予"深山远谷途路艰险，永绝人踪谁相恼乱；恣意禅观念念在道，毁誉不起是处最胜"的高度评价。

"闲居僧"第三个特征，主要表现在品行高洁。

> 释僧周，不知何人。性高烈，有奇志操。而韬光晦迹，人莫能知。常在嵩高山头陀坐禅。（省略）时有说寒山有僧，德业非凡，王即遣使征请。周辞以老疾，令弟子僧亮应命出山。（《释僧周传》）

> 释僧从，未详何人。禀性虚静，隐居始丰瀑布山。学兼内外，精修五门，不服五谷，唯饵枣栗。年垂百岁，而气力休强，礼诵无辍。与隐士褚伯玉为林下之交。每论道说义，辄留连久宿。后终于山中。（《释僧从传》）

"性高烈，有奇志操""禀性虚静"主要体现了"闲居僧"品性的高洁；而以"老疾"辞王命、与隐者为"林下之交"，则体现了"闲居僧"行为的高洁。又有"闲居僧"死后灵异的描述，如"生时体净，死更洁白"（《释普恒传》）、"神光映尸，体更洁白"（《释法期传》）等，则更加凸显了"闲居僧"品行高洁的特征。正如《高僧传》习禅部末尾之论曰："禅也者，妙万物而为言，故能无法不缘，无境不察。然后缘法察境，唯寂乃明。其犹渊池息浪，则彻见鱼石；心水既澄，则凝照无隐。"可见，多为习禅的"闲居僧"相对于其他僧侣，更加注重外在修行环境的"寂"和内在修行心境的"澄"。

本节分别以《高僧传》神异部、义解部、习禅部为例，具体考察了"狂僧""诗僧""闲居僧"等隐者型僧侣形象的类型特征。

而随着时代的发展和佛教中国化的推进，历代高僧传中所载隐者型僧侣形象的特征也会随之发生变化。尤其，随着佛教东渐日本，这些隐者型僧侣形象对日本佛教文学中僧侣形象的塑造也产生了深远影响，并逐渐发展成为日本独特的理想型僧侣形象。

下面，在本书第二章至第四章，将以《高僧传》中塑造的上述隐者型僧侣形象为主线，从"佛"（佛教）"隐"（隐逸）融合的视角出发，依据三类典型的划分，分别对高僧传中的"狂僧"形象、"诗僧"形象、"闲居僧"形象东渐日本过程中成立的僧传、往生传、佛教说话等文学作品进行比较分析，进而探究中日僧传文学之间的影响关系及二者的区别。

第二章

中国古代"狂僧"形象的东渐及影响①

在中国古代典籍中，记述了众多"佯狂"的人物形象。而"狂僧"作为其中较为特殊的人物形象，具有其独特的宗教性和审美性。在《高僧传》《续高僧传》《宋高僧传》等僧传文学中，都有大量描写"狂僧"形象的作品。饶有兴味的是，以日本首部汉诗集《怀风藻》中的僧传为开端，日本往生传、佛教说话集等佛教文学中，"狂僧"形象屡屡登场，形成了一条独特的文学脉络。有关《怀风藻》僧传等日本僧传与中国高僧传的影响关系，先学虽已有所论及②，但鲜见具体论证，尤其对中国高僧传在日本传承过程中发挥的作用，对日本独特的遁世僧③形象的形成产生的影响等问

---

① 第二章内容基于拙稿略加修改而成。参见田云明. 中国古代"狂僧"形象的东渐——以智藏传、增贺传为例 [J]. 外国文学评论，2018（2）：26–38.

② 小岛宪之. 汉语逍遥——《怀风藻》佛家传的考察 [J]. 文学，1989（57–1）：46–54；山口敦史.《怀风藻》的"阳狂"——以释智藏传为中心 [J]. 怀风藻研究，1998（3）：9–23.

③ 在律令体制的统治下，相对于隶属于寺院或教团的官僧，遁世僧是指辞去僧人的官位、视寺院及既成教团为第二个俗世而脱离的二重出家僧，以及本来就活跃在既成教团之外的私度僧等民间布教者。有关遁世僧的概念，可参见大隅和雄. 关于遁世 [J]. 北海道大学文学部纪要，1965（13–2）：65–123；目崎德卫. 出家遁世 [M]. 东京：中央公论社，1976；安良岗康作. 遁世者的文艺及其展开 [J]. 专修国文，1982（31）：1–33.

题，仍需进一步探讨。本章以"狂僧"形象为主线，旨在考察中国高僧传中的"狂僧"形象东渐日本过程中，对日本的僧传、往生传、佛教说话等僧传文学产生的深远影响，进而探究中国"狂僧"形象得以在日本不断传承的原因。

第一节　中国古代的"佯狂"形象：从隐者到高僧

一、中国古代典籍中的"佯狂"形象

有关中国古代典籍中的"佯狂"①，在《论语·微子篇》中登场的楚狂接舆可谓鼻祖。

> 楚狂接舆歌而过孔子曰："凤兮凤兮！何德之衰？往者不可谏，来者犹可追。已而，已而！今之从政者殆而！"孔子下，欲与之言。趋而辟之，不得与之言。

楚国的狂人接舆唱着歌从孔子车前走过，抨击时弊、讽刺孔子，唱道："现今从政是危险的。"接舆的"狂"，并非真狂，而是

---

① 在中国历史上，出现过众多"佯狂"之士，详见魏崇新. 狂狷人格［M］. 武汉：长江文艺出版社，1996. 对于狂狷人格的特征，该书指出："狂狷人格追求个体自由，张扬自我，倡导个性独立，他们不为正统思想所囿，不为世俗礼法所束缚，肆意直言，狂放不羁，对社会现实秩序与传统思想常持怀疑与批判的态度，具有异端倾向。"（第9页）有关中国古代"狂""佯狂"概念的变迁，参见矢岛美都子. 古代中国人狂的观念——以"佯狂"的变迁为中心［J］. 亚细亚法学，2007（41－2）：125－149。

为了不为官、不从政故意摆出的一种姿态，即"佯狂"。同时也是身处乱世的处世之道。欲下车与其交流，反映了孔子对狂者一定程度的认同。较早使用"佯狂"一词来表现的人物之一是箕子。有关箕子"佯狂"，《楚辞》中有如下用例：

何圣人之一德，卒其异方。梅伯受醢，箕子详狂。（《楚辞·天问》）

比干忠谏而剖心兮，箕子被发而佯狂。（《楚辞·惜誓》）

梅伯、比干忠心耿耿，却惨遭暴君纣王迫害而死。而箕子忠谏，纣王不听，只得被发"详［佯］狂"为奴，终保一命。这也是察觉到生命受到威胁、保全自身的无奈之举。此处的"被发"明确成了"佯狂"的显著特征。而且，《楚辞·天问》中，屈原将梅伯、箕子并称为"圣人"；《论语·微子篇》中，孔子将微子、箕子、比干并称为"三仁"①。可见，箕子被发佯狂的行为得到了后人极大的敬仰与赞誉。直至《文选》，接舆、箕子已分别成了"避世""佯狂"的典型人物，而"被发佯狂"也成为广为人知的四字熟语。

接舆避世，箕子被发佯狂。此二子者，皆避浊世以全其身者也。（《文选》卷五十一·东方朔《非有先生论》）

---

① 《论语·微子篇》原文：微子去之，箕子为之奴，比干谏而死。孔子曰："殷有三仁焉。"

东方朔在《非有先生论》中将"佯狂"的目的归纳为"避浊世""全其身"。

"避世"具体而言,即不为官,不从政。《史记》《后汉书》中,与"佯狂""狂生"等用例并用的"不肯立""不就"等表现,充分表明"佯狂"已成为拒绝为官的惯用手段。

> 玄成时佯狂,不肯立,竟立之,有让国之名。(《史记》卷九十六·《张丞相列传》)

> 统性俶傥,敢直言,不矜小节,默语无常,时人或谓之狂生。每州郡命召,辄称疾不就。(《后汉书》卷四十九·《仲长统传》)

继接舆、箕子等"佯狂"的先驱人物,竹林七贤可谓"佯狂"的典型代表。其所处的魏晋时期,正如宗白华所述,"是中国政治上最混乱、社会上最痛苦的时代,然而却是精神史上极自由、极解放,最富于智慧、最浓于热情的一个时代"①。刘伶的裸体纵酒、阮籍的放达佯狂、嵇康的傲世不驯,在《世说新语》任诞、排调等篇中均有生动描述。竹林七贤的佯狂,是对世俗礼法的强烈反抗,也是生逢乱世保全自身的无奈之举。

通过上述中国古代典籍的考察,可见"佯狂"原本是用来形容接舆、箕子等隐者的固定表现。"佯狂",其行为大体可分为两种类型。其一,是"避世",即拒绝为官的"佯狂"。其二,是"全

---

① 宗白华.美学散步[M].上海:上海人民出版社,2005:356.

身",即免遭杀身之祸的"佯狂"。当然,上述两种"佯狂"在很多情况下是紧密联系、密不可分的。而且,后人及记录者对狂者的态度多是敬仰的,对其"佯狂"行为是称颂的。

二、中国高僧传中的"狂僧"形象

受中国古代典籍中"佯狂"隐者形象的影响,中国历代高僧传中也陆续出现了具有"佯狂"特征的"狂僧"形象。首先,在《高僧传》(519年)中,未见"佯狂"的用例,却记录了保志的一系列"异迹"。

> 至宋太始初,忽如僻异,居止无定,饮食无时,发长数寸,常跣行街巷,执一锡杖,杖头挂剪刀及镜,或挂一两匹帛。齐建元中,稍见异迹。数日不食,亦无饥容。与人言语,始若难晓,后皆效验。时或赋诗,言如谶记。京土士庶,皆共事之。(《高僧传》神异下·《保志传》)

数日不进食,也不会感到饥饿;预言晦涩难懂,却总能言中。俗人眼中的保志如同神仙一般。其中,"发长数寸"的外貌描写,将保志塑造成了一个"被发"狂僧的形象。虽然"居止无定",却经常披头散发、赤脚穿行于街头巷尾,行迹怪异,但并不远离尘世。《艺文类聚》(卷七十七)所录梁陆倕《志法师墓志铭》中,直接援引了表现"佯狂"标志性特征的"被发"一词。

> 被发徒跣,负杖挟镜。或徵索酒肴,或数日不食。豫言

未兆。

此外，在《续高僧传》（645 年）《杨祐传》中，可见直接使用"佯狂"一词描述高僧的用例。

> 时蜀郡又有杨祐师者，佯狂岷络。古老百岁者云："初见至今，貌常不改。"可年四十，着故黄衫，食啖同俗，栖止无定。每有大集，身必在先，言笑应变，不伤物议，预记来验，时共称美。迄于唐初，犹见彼土，后失其所在。（《续高僧传》卷第二十六·感通上）

同样，杨祐法师也置身于尘世，"食啖同俗""每有大集身必在先"，同时具有"佯狂岷络""貌常不改""栖止无定""预记来验"等异于常人的行迹，可谓身处世俗而超然物外。

中国高僧传中，为何要援引"被发""佯狂"等用于描述隐者的典型表现将高僧塑造成狂僧呢？将《保志传》《杨祐传》分别列入"神异"部、"感通"部，由此可见编者的意图是要强调异于俗人的高僧之"神异"。正如编者慧皎在《高僧传》神异部末尾的"论"中所言："或韬光晦影，俯同迷俗，或显现神奇，遥记方兆。""光虽和而弗污其体，尘虽同而弗渝其真。"① 保志与杨祐两位法师正是所谓"和光同尘"的真实写照。为了做到身处世俗又超然物外，两位法师都选择了"佯狂"。此处的"佯狂"，虽源自中

---

① （梁）释慧皎. 高僧传［M］. 朱恒夫，王学钧，赵益，注译. 西安：陕西人民出版社，2009：624.

国古代典籍之"佯狂",但其目的已发生了变化。不同于隐者远离官场的"佯狂",高僧传中僧侣的"佯狂",是作为与俗世保持距离、与俗僧相区别的手段。这一点在天台三大部之一的《摩诃止观》中体现得尤为明显。在（卷七·下）"能安忍"部分，有如下论述：

> 若被名誉罗罥，利养毛绳眷属集树，妨蠹内侵枝叶外尽者，当早推之莫受莫着。推若不去翻被黏系者，当缩德露玭扬狂隐实，密覆金贝莫令盗见。若遁迹不脱当一举万里，绝域他方无相谙练，快得学道如求那跋摩云云。若名利眷属从外来破，忆此三术啮齿忍耐，虽千万请确乎难拔，让哉隐哉去哉。若烦恼业定见慢等从内来破者，亦忆三术，即空即假即中，云云。（《大正藏》第四十六卷第九九页）

上文在阐述远离名利的三种方法"让、隐、去"时，明确将"缩德露玭扬狂隐实"即隐德佯狂作为摒弃名利的方法之一。此处的"扬［佯］狂"，是为了"缩德""隐实"，进而达到远离世俗名利干扰、专心修习止观的目的。可见，《摩诃止观》中的"佯狂"，所带有的佛教色彩愈发浓厚。

综上，中国古代的"佯狂"形象，始见于古代典籍中的隐者，继而在佛教与老庄玄学不断交流、隆盛的魏晋南北朝时期成书的《高僧传》中，出现了"狂僧"奇行的描述，并为后世成书的《艺文类聚》《续高僧传》所继承，进而出现了援引"被发""佯狂"等描写隐者的固定表现，即隐逸表现来塑造"狂僧"形象的倾向。

第二节 《怀风藻》所收《智藏传》与竹林七贤

受六朝至初唐诗文影响颇深,以皇族、贵族官僚为中心编纂成书的日本首部汉诗集《怀风藻》(751 年)中,收录了释智藏、释辩证、释道慈、释道融的诗作。而且,在《怀风藻》收录的九篇作者传记中,上述四位僧侣均附有传记,显示了"编者对僧侣独特的兴趣"①。四篇僧传的特点可概括为:遣唐留学(道融除外)、通晓汉学、受到唐或日本天子及皇后的优待、脱俗或反世俗的言行举止。② 据石田茂作《由写经看奈良朝佛教的研究》一书介绍,日本在天平十一年(739 年)和天平十四年(742 年)分别可见《高僧传》《续高僧传》抄写本。③ 随着中国僧传的大量传入与抄写,在日本陆续出现了包括《怀风藻》僧传在内的初期僧传。④ 有关《怀风藻》僧传与中国高僧传,尤其是与《续高僧传》之间的联系,先学已有所论及。⑤ 在此,笔者将着眼于《怀风藻》僧传中塑造的"狂僧"形象,结合中国古代"佯狂"形象的表现特色及时代背景

① 横田健一.《怀风藻》所载僧传考 [M] //横田健一. 白凤天平的世界. 大阪:创元社,1973:275.
② 横田健一.《怀风藻》所载僧传考 [M] //横田健一. 白凤天平的世界. 大阪:创元社,1973:293 – 294.
③ 石田茂作. 由写经看奈良朝佛教的研究 [M]. 东京:东洋文库,1966.
④ 藏中 SHINOBU. 上代汉文传的成立与《续日本纪》——论官人薨卒传与僧传的性格差异 [J]. 上代文学,1990(64):46 – 67.
⑤ 小岛宪之. 汉语逍遥——《怀风藻》佛家传的考察 [J]. 文学,1989(57 – 1):46 – 54.

进行考察。

《怀风藻》四篇僧传中大放异彩的，可谓佯装狂人的智藏。据《智藏传》记载，智藏法师于天智天皇在位之时作为留学僧渡唐，师从吴越的尼僧。其后，记录了入唐期间的两则奇行。

> 六七年中，学业颖秀。同伴僧等，颇有忌害之心。法师察之，计全躯之方，遂被发佯狂，奔荡道路。密写三藏要义，盛以木筒，着漆祕封，负担游行。同伴轻蔑，以为鬼狂，遂不为害。

奇行之一，是学业优异的智藏察觉"同伴僧等。颇有忌害之心"，"遂被发佯狂。奔荡道路"，装作狂人以全其身。有关"被发佯狂"一词，山口敦史指出了其与《艺文类聚》（卷七十七）所录梁陆倕《志法师墓志铭》中"被发徒跣，负杖挟镜，或徵索酒肴，或数日不食，豫言未兆"之间的联系。① 此处是为了突显保志法师的神异，才将其描写成披头散发、赤脚而行的形象的。此外，前文列举的《楚辞》《文选》中也分别可见"被发而佯狂""被发佯狂"等表现。均用来形容《论语·微子篇》中为免于纣王暴政之害而假扮狂人、甘心为奴的箕子，即拒绝为官的隐者形象。通过佯狂这一行为，可中断与周围的联系，进而脱离日常环境，摆脱社会束缚。但是，智藏此处的佯狂，不同于保志法师墓志铭中对神异的强调，而是类似箕子的避世全身，将佯狂作为保全自身的一种方法和免遭

① 山口敦史. 东亚的汉诗与僧侣——《怀风藻》僧传研究序说［M］//辰巳正明. 怀风藻——汉字文化圈中的日本古代汉诗. 东京：笠间书院，2000：159－160.

怀有"忌害之心"的俗僧加害的一种手段，从而达到"密写三藏要义"，潜心佛道钻研的目的。

奇行之二，表现在智藏法师归国途中的言行。

> 太后天皇世，师向本朝。同伴登陆，曝凉经书。法师开襟对风曰："我亦曝凉经典之奥义。"众皆嗤笑，以为妖言。

看到同行的留学僧晾晒从唐土带回的佛经，智藏法师解开衣襟言道："我也晾晒一下佛经的深奥意义吧。"却遭到众人的嘲笑。与之相似，《世说新语·排调篇》中也收录了郝隆讥讽俗人不学无术的一则奇行。

> 郝隆七月七日出日中仰卧。人问其故，答曰："我晒书。"

无独有偶，《世说新语·任诞篇》中，亦可见竹林七贤之一的阮咸对抗同族的一则奇行。

> 阮仲容、步兵居道南，诸阮居道北。北阮皆富，南阮贫。七月七日，北阮盛晒衣，皆纱罗锦绮。仲容以竿挂大布犊鼻?于中庭。人或怪之，答曰："未能免俗，聊复尔耳!"

胡志昂将郝隆的上述奇行视为对阮咸的模仿，并指出："二者的奇行具有反世俗的意义，而智藏的行为与竹林七贤等人的奇行是有一定联系的。"① 而使得智藏奇行与竹林七贤奇行建立联系的媒介，恰恰是以简洁、犀利的笔触记录了东汉后期到晋宋间名士轶事的《世说新语》。藤原佐世所撰《日本国见在书目录》"小说家"类目下，有"世说十，宋临川王刘义庆撰，刘孝标注"的记载。②可见，《世说新语》早在奈良时代便已传入日本。作为魏晋名士的典型代表，竹林七贤也以《世说新语》为载体，随之被日本文人贵族所知晓。有关在《怀风藻》的诗人及诗作主要通过《世说新语》来接受竹林七贤的观点，学界已有论证，在此不一一赘述。③ 仅就智藏而言，不仅《智藏传》的奇行与《世说新语》所载竹林七贤的奇行有关，而且在《怀风藻》收录的两首智藏的诗作中，也屡屡提及竹林七贤。例如，《玩花莺》一首中的"忽值竹林风，求友莺嫣树"两句，与《秋日言志》尾联"因兹竹林友，荣辱莫相惊"中的"竹林友"相呼应；诗题《秋日言志》中的"言志"与《玩花莺》尾联中的"遨游志"相呼应。表达了作者敬慕竹林七贤遗风、崇尚自然、脱离世俗的隐逸志向。

　　在日本首部汉诗集《怀风藻》收录的《智藏传》中，智藏被塑造成了一个典型的"狂僧"。而智藏僧传及诗作均与竹林七贤有关，其原因可追溯到中国佛教与老庄思想的紧密联系。具体而言，是指因"越名教而任自然"的竹林七贤而得以发扬光大的魏晋玄学

---

① 胡志昂. 释智藏的诗与老庄思想［M］. 埼玉学园大学纪要（人间学部篇），2010（10）：444.

② 藤原佐世. 日本国见在书目录［M］//太田藤四郎. 续群书类从（卷第884）. 东京：太洋社，1928：42.

③ 冈田正之. 近江奈良朝的汉文学［M］. 天理：养德社，1946；增尾伸一郎. 清风入阮啸——《怀风藻》诗宴中阮籍的位相［M］//辰巳正明. 怀风藻——汉字文化圈中的日本古代汉诗. 东京：笠间书院，2000：86－114.

与佛教教义的深远关系。东晋文人孙绰甚至在《道贤论》中,将七位名僧比作竹林七贤,称颂其高德。① 老庄盛行的六朝时代,初期的佛教教义是借助老庄思想才得以理解的,也就是所谓的格义佛教。六朝至隋唐时期,儒、佛、道三教相互排斥的同时逐渐趋于融合。作为日本三论宗第二传人的智藏,为研学三论教义而奔赴的吴越之地,是魏晋玄学盛行之地,亦是玄学与佛学相互融合的江南佛教盛行之地。② 智藏传中的"佯狂"行为以及诗作中表现的隐逸志向,正是当时僧侣三教兼修、博览内外典籍的如实写照。纵观《怀风藻》收录的九篇作者传记,"佯狂"、拒绝朝廷的嘉奖、辞退僧官等脱俗或反世俗的言行仅限于四篇僧传之中。《怀风藻》编者③的意图,仅仅是为了彰显僧侣脱俗或反世俗的本质吗?依笔者所见,随着佛教在中国不断本土化,高僧传中塑造了一个又一个极具隐者特征的僧侣形象,"狂僧"形象便是其中的代表之一,由于中国僧传的大量传入与抄写,日本的文人贵族便萌发了试图为本国僧侣作传的想法,由此促成了包括《怀风藻》僧传在内的日本初期僧传的诞生。通过《智藏传》的考察,可知《怀风藻》僧传中"狂僧"形象的塑造,其原型多取自《世说新语》中有关竹林七贤奇行的记载。

自此,《怀风藻》所收《智藏传》中适时导入了"佯狂"这一

---

① 详见《高僧传》卷一·晋长安竺昙摩罗刹原文:后孙绰制《道贤论》,以天竺七僧方竹林七贤,以护匹山巨源,论云:"护公德居物宗,巨源位登论道,二公风德高远,足为流辈矣。"((梁)释慧皎. 高僧传 [M]. 朱恒夫、王学钧、赵益,注译. 西安:陕西人民出版社,2009:37.)

② 有关魏晋玄学的发展及其与佛教的关系,详见汤用彤. 魏晋玄学论稿 [C] // 汤用彤. 汤用彤学术论文集. 北京:中华书局,2016:295 – 304。

③ 《怀风藻》编者不详,或说为淡海三船,但学界尚无定论。

用来形容隐者的固定表现，为之后日本僧传文学中"狂僧"形象的传承奠定了基础。

第三节　《增贺传》的形成与中国高僧传

与留学僧智藏等官僧相对应的，是脱离寺院、活跃在既成教团之外的遁世僧。平安时代（794—1185 年）中期以后，随着律令制的瓦解和贵族社会发展的停滞，寺院体制也开始变质。僧官的世袭化、寺僧的阶级分化日益严重，主要寺院逐渐变为巨大的阶级社会，由此导致脱离世俗化寺院、既成教团体制的遁世僧的大量涌现。① 在庆滋保胤的《日本往生极乐记》，大江匡房的《续本朝往生传》，三善为康的《拾遗往生传》《后拾遗往生传》等文人官僚陆续执笔、编纂的往生传中，出现了大量活跃在寺院、既成教团体制之外的宗教者的相关记录。将体制外的宗教者纳入记录的对象，显示了当时贵族阶层价值观的变化。② 下面，通过考察对遁世僧在文学塑造过程中形成的僧传，尤其以《增贺传》为中心，来探讨中国高僧传中的"狂僧"形象在日本特有的遁世僧文学形象塑造过程中发挥的作用。

---

① 冈野浩二. 奈良・平安时代的出家——从"官僧・私度僧"到"官僧・遁世僧"[M] //服藤早苗. 王朝的权力与表象——学艺的文化史（丛书・文化学的越境4）. 东京：森话社，1998：12－51.
② 大隅和雄. 古代末期价值观的变动[M] //大隅和雄. 中世佛教的思想和社会. 东京：名著刊行会，2005：61.

一、历代日本僧传中的增贺奇行

增贺（917—1003 年）是平安中期天台宗的高僧，其人物特征突出体现在历代往生传、说话集中记录的诸多奇行。有关此类奇行说话，平林盛得主张应剔除虚构部分，把握内容变迁的真相，通过对比《大日本国法华经验记》《今昔物语集》《续本朝往生传》中的增贺奇行说话，分析了它们之间的相互联系及与史实的差距，对奇行说话的虚实两面进行了实证性考察。① 但从另一个角度来看，虚构部分恰恰反映了当时记录者心目中理想的僧侣形象。在此，笔者将以平林考证的增贺实像为基础，重点关注增贺奇行说话的虚构部分，进而考察遁世僧增贺文学形象的塑造与中国高僧传中"狂僧"形象的影响关系。

首先，增贺隐居多武峰的事实，如平林盛得所指，是以拒绝出席良源策划的于应和三年（963 年）八月在宫中清凉殿举办的宗论为直接起因的。② 增贺拒绝出席宗论的行为，是对师父良源为贪图荣华、寻求庇护而有意接近摄关贵族的一种批判态度的表明。《大日本国法华经验记》中有如下相关记述：

厌出假利生，背名闻利养，遁世隐居为其志耳。冷泉先皇请为护持僧，口唱狂言，身作狂事，更以出去。国母女院敬请

---

① 平林盛得. 对增贺僧奇行说话的探讨——《法华验记》《今昔》《续往生传》之对比［M］//平林盛得. 圣与说话的史学研究. 东京：吉川弘文馆，1981：256 – 278.

② 平林盛得. 增贺多武峰隐栖前后［M］//平林盛得. 圣与说话的史学研究. 东京：吉川弘文馆，1981：72.

为师，于女房中发禁忌麁言，然又罢出。如此背世方便甚多。乃至去叡山众处，厌花洛寻多武峰，闭跡笼居。

此处虽未提到师父良源及应和宗论，但厌恶名利、专心致力于佛道修行的增贺，恰恰与贪图名利荣华的师父良源形成了鲜明的对比。增贺此举，被称为"遁世隐居为其志"，即"遁世"。之后记录的"口唱狂言，身作狂事""发禁忌麁言"两则奇行，均发生于被宫廷皇室召见之时。这些奇行被称为"背世方便"，其实质是对世俗权贵的一种抗拒行为。然而，据平林考证，这些奇行无论在时间上还是当事人所处地位上都是与事实不相符的。① 也就是说，增贺奇行是虚构的，但虚构部分恰恰反映了当时记录者心目中理想的僧侣形象。

此外，《续本朝往生传》中还收录了隐居多武峰后的增贺批判师父良源的奇行。

僧正申庆贺之日，入于前驱之员。增贺以干鲑为剑，以牝牛为乘物。供奉之人虽却去，犹以相从自曰："谁人除我？"勤仕禅房御车口前驱乎。

良源被任命为僧正的庆贺之日，增贺身穿醒目的奇装异服，欲挤入佛事的前列。这一奇行是对恩师日常行为的一种讽刺和批判。

---

① 平林盛得. 对增贺僧奇行说话的探讨——《法华验记》《今昔》《续往生传》之对比［M］//平林盛得. 圣与说话的史学研究. 东京：吉川弘文馆，1981：269－271.

但事实上，增贺隐居多武峰之后作为良源的弟子，仍然照常参加了比睿山的佛事、法会等活动。① 因此，这一增贺奇行也是虚构的，但与当时比睿山、良源周围的实际情况并不是毫无关系的。除了临终前吟咏和歌等奇行，增贺的绝大多数奇行均与师父良源及比睿山有关，并且都是基于增贺脱离比睿山、隐居多武峰这一真实形象的文学虚构。记录者通过增贺奇行的虚构，试图表达对比睿山逐渐世俗化、主办者良源一味接近权贵的强烈批判。可见，增贺奇行是作为脱离比睿山、前往多武峰遁世隐居的权宜之计而故意表演出来的，是批判日益世俗化的寺院体制的一种极端表现。

二、《发心集》增贺说话与《续高僧传》

随着良源的飞黄腾达及比睿山的世俗化，像增贺这样嫌弃名利、拒绝显达的遁世僧愈发成为人们心目中理想的僧侣形象，并被尊称为"圣"，成为后世僧传文学中广为传颂的对象。其中，由鸭长明编纂、成书于镰仓时代（1185—1333 年）初期的佛教说话集《发心集》，也可见有关增贺（《发心集》中称作"僧贺"）的说话。《发心集》（卷一·第五话）《多武峰僧贺上人遁世往生之事》主要收录了六则奇行。

（一）千夜参拜时，口中祈祷悟道心的声音，好像在命令"天狗跟上"，被人们嘲笑。

（二）出席宫中御斋会的"内论义"时，上演如同乞丐的

----

① 平林盛得．增贺多武峰隐栖前后［M］//平林盛得．圣与说话的史学研究．东京：吉川弘文馆，1981：68.

奇行，所见之人皆言："此禅师莫非已癫狂？"

（三）作为皇后宫中出家的戒师被召见，却口出各种脏口，未完成任务就中途退出。

（四）应邀参加祭拜佛祖，与施主发生争执，以讲经与名利相通为由拒绝参加。

（五）在师父良源被任命为僧正的庆贺之日上演奇行。

（六）临终下棋舞蹈，最后咏和歌后离世。

有关增贺奇行，藤本德明在《〈发心集〉中的增贺——以'物狂'说话为中心》一文中，通过比较不同时期的种种说话集、往生传，尤其指出奇行（二）中，增贺回应众人"吾非狂，道吾癫狂之大众，乃真狂也"一节，以及文末附加有关"物狂"的说话评论一点，皆显示出编者长明独特的构思，并由此判断《发心集》是最为关注增贺奇行，且独具匠心的作品。① 藤本的观点极富启发性，阐明了《发心集》增贺说话不同于其他同类作品的独特之处。但是，有关奇行（二）的细节部分，仍有进一步探讨的余地。宫中御斋会的"内论义"上，增贺也加入乞丐的行列，与他们同食残羹冷炙时，有如下对话：

所见之人言道："此禅师莫非已癫狂？"听到辱骂之声，增贺回应道："吾非狂，道吾癫狂之大众，乃真狂也。"面无丝毫惊色。

---

① 藤本德明.《发心集》中的增贺——以"物狂"说话为中心［J］.说话·物语论集，1978（6）：23－32.

作为高僧，却形同乞丐，面对众人的非难，增贺回应众人才是真狂。以此为转机，增贺开始隐居，之后移至多武峰修行。上述内容，在《本朝法华验记》《续本朝往生传》《今昔物语集》等《发心集》先行往生传、说话集，以及同时代的说话集《古事谈》中均无记载。的确，这一点可称得上是《发心集》的独特之处。但是，这果真可以断定为"长明独特的构思"① 吗？此处，有必要再次确认中国高僧传中是否存在类似表现。翻阅《续高僧传》，在《智则传》中，有如下记述：

> 释智则，姓凭，雍州长安人。二十出家，止辩才寺听凝法师摄论四十余遍。性度掉举，观寻採，恒披败纳，裙垂膝上。有问其故，则云："衣长多立耳。"游浪坊市，宿止寺中，销声京邑，将五十载。财法食息，一同僧伍，房施单床，上加草荐，瓦捥木匙，余无一物。或见其襤缕为经营者，随得服用，言终不及。则虽同僧住，形有往来，门无关闭。同房僧不知灵异，号为狂者。则闻之，仰面笑曰："道他狂者，不知自狂。出家离俗，只为衣食，往往遮障，锁门锁柜，费时乱业，种种聚敛，役役不安，此而非狂，更无狂者！"乃抚掌大笑。(《续高僧传》卷第二十六·感通上)

这位智则僧人平日的行迹也如狂人一般，与其他僧人同吃同住，却过着极为简朴的生活。同房的僧人因其言行反常，讥讽他为

---

① 藤本德明.《发心集》中的增贺——以"物狂"说话为中心 [J].说话·物语论集，1978（6）：26.

"狂者"，智则听后笑着反驳道："道他狂者，不知自狂。"这与《发心集》中增贺"吾非狂，道吾癫狂之大众，乃真狂也"的回应如出一辙。只不过，智则接下来进一步以出家只为衣食、聚敛财物为由，正面抨击了同门僧人的世俗化。佯装狂人、生活简朴的智则，与徒有僧人之形、实为庸俗之辈的众僧形成了鲜明的对比。讥讽智则的僧人，最终却成为智则讥讽的对象。这与前述《发心集》增贺说话的构思是相同的。从增贺奇行发生在宫中御斋会的"内论义"现场这一点不难判断，所谓的"大众"，应该是指当时在场的僧都等僧官。也就是说，增贺讽刺的对象，就是世俗化的寺院，以及隶属于寺院和教团的官僧。突然离开人群健步飞奔，拿起食物便塞入口中的增贺奇行，是强调自身不同于世俗化的官僧的极端表现，其背后，潜藏着《发心集》编者鸭长明强烈的批判精神。

同样，从增贺奇行的话末评语中，也能解读出编者鸭长明对增贺奇行的评价。

此人之行迹，后人或称之为"物狂"，然谅其心思皆为脱离世俗境界，故贵其难得以记之。

对于鸭长明而言，"物狂"就是"背世方便"，即"脱离世俗境界"的手段。具体到增贺本人，其"境界"所指的就是寺院、教团组织。

在增贺说话中，编者鸭长明对反世俗的增贺奇行产生了强烈的共鸣，将《发心集》塑造成了对增贺奇行显示出极大兴致的作品，这一点是其他往生传、说话集无法比拟的。增贺的"物狂"，是

"背世方便",但有别于隐者"避世"之"佯狂",其"背世"之"世",既非先秦、魏晋隐者脱离的官场,也不单纯指中国高僧传中"狂僧"背离的俗世,而是特指世俗化的寺院、教团。其目的不是拒绝为官,而是为摆脱宫中、比睿山这样的名利场,专心于佛道修行而故意自导自演的一幕幕"佯狂"闹剧。通过"佯狂"这一手段,被宫中、寺院、恩师、施主屡次邀请的增贺,才得以一次次从名利的漩涡中脱身,实现"背名闻利养,遁世隐居为其志。"(《大日本国法华经验记》)。这正可谓是对《摩诃止观》所述远离名利的方法之一"缩德露玼扬狂隐实"的践行。《发心集》能够不惜笔墨着力描写增贺奇行,《摩诃止观》的影响不可忽视。《摩诃止观》于 753 年鉴真东渡日本时传入日本以来,对日本的佛教、文学、思想等产生了深远影响。[①] 纵观《发心集》(卷一),共由十二话、三大说话群构成,即高僧遁世说话群(第一至六话)、断绝执念说话群(第七至九话)、遁世圣隐德·伪恶说话群(第十至十二话)。从中可解读出三大主题,即脱离世俗境界、断执、隐德,而这恰恰与《摩诃止观》"能安忍"中所述舍弃名利的三种方法"让、隐、去"极为相似。[②] 位于第五话的增贺奇行说话,正是利用"物狂"的方法得以脱离世俗境界、隐德,最终实现了脱离比睿山、隐居多

---

① 有关《摩诃止观》对日本佛教说话文学的影响,可参见伊藤博之. 撰集抄中的遁世思想 [J]. 佛教文学研究,1967(5):173-194;沼波政保. 中世佛教说话与摩诃止观——"隐遁的思想背景"补说 [J]. 同朋国文,1978(11):59-76;小林保治. 说话集的方法 [M]. 东京:笠间书院,1992;陆晚霞. 中世的遁世者形象的成立 [M]//陆晚霞. 日本遁世文学的研究. 北京:人民文学出版社,2013:358-388。

② 前田淑子. 发心集和摩诃止观——序·卷一与能安忍的观法 [J]. 言文,1978(26):12-23.

武峰，其依据主要是《摩诃止观》中"隐""去"的方法。包括增贺奇行说话在内的《发心集》（卷一），可以看作是融入了编者鸭长明对《摩诃止观》"能安忍"自身独特理解的文学创作实践。

增贺等脱离寺院、活跃在既成教团之外的遁世僧，可谓日本中世遁世者①的先驱。他们敢于批判世俗化的寺院、教团，毅然辞退僧官，以救济庶民为己任，坚持民间布教活动。正如三善道统对先于增贺的遁世僧空也（903—972 年）的高度评价："以先彼后我之思为思，以利他忘己之情为情。"② 以摒弃名利、脱离寺院、救济他人等为特征的遁世僧文学形象的塑造，对于"遁世"这一日本独特出家形式的形成以及中世遁世者的出现产生了深远的影响。遁世僧和遁世者虽然均不隶属于任何寺院、既成教团，但在再出家的动机、遁世状态、修行目的等方面存在很大差异。前者为解脱官僧体系而再出家，与怀有相同信念的其他遁世僧一道为救济他人而深入民间；后者为远离世俗名利而再出家，只身一人为自己的净土往生而独居山林。③ 有别于上一代记录者文人官僚的身份，作为新一代记录者的鸭长明，其自身就是"遁世"的践行者，是日本早期的遁

---

① 有别于以救济他人为目的的遁世僧，遁世者是指如西行、长明、兼好等，中途出家且不隶属于寺院、教团，独居山林，仅以一己的净土往生为目的的佛教信仰者。

② 三善道统. 为空也上人供养金字大般若经愿文 [M] //大曾根章介、金原理校注. 本朝文粹（卷第十三）. 东京：岩波书店，1992：359.

③ 有关遁世僧和遁世者的区别，详见陆晚霞. 日本遁世文学的研究 [M]. 北京：人民文学出版社，2013：413 – 416.

世者之一。① 如何在文学形象的塑造中，揭示遁世僧与官僧的迥然不同，是鸭长明等新一代记录者亟待解决的新课题。在《发心集》增贺说话的创作中，鸭长明正是以《摩诃止观》为依据，并援用中国高僧传中有关"狂僧"的佯狂表现，成功地刻画出遁世僧增贺这一脱俗和反世俗的鲜活形象。由此，脱离寺院、活跃在既成教团之外的遁世僧，与隶属于世俗化的寺院和既成教团的官僧，二者之间的对照在僧传文学的记述中更加鲜明，并为后世日本僧传文学中理想僧侣形象的塑造提供了借鉴。例如室町时代的禅僧一休宗纯（1394—1481 年），因反抗临济宗风腐败堕落的种种奇行而闻名于世，并自号狂云子，著有标榜"佯歌烂醉我风狂"的诗集《狂云集》，其"狂僧"形象被《本朝高僧传》等后世僧传收录。一休的疯狂，已不再停留于文学虚构，而是基于自称"狂客"的强烈自我意识，并与日常的修禅实践融为一体。

本章以"狂僧"形象为中心，主要通过《智藏传》与《增贺传》的考察，探讨了中日僧传文学影响关系的一个侧面。"佯狂"本是中国古代典籍中用来形容隐者的固定表现，后被《高僧传》《续高僧传》等中国高僧传所继承。而这些隐逸表现很快便在日本首部汉诗集《怀风藻》收录的僧传中得以体现，继而在往生传、佛教说话集中被援用，成功塑造了日本特有的遁世僧形象。同时，"佯狂"作为"背世方便"，不断被援用到佛教修行的实践中，所

---

① 鸭长明另一部代表作《方丈记》中所描写的山中悠悠自得的闲居生活，正是中世日本人所向往的遁世生活，这种闲居式遁世者形象也成为理想僧侣形象的又一典型，对后世成书的《闲居友》《撰集抄》等佛教说话集影响深远。本书第四章第三节将就《方丈记》中的"闲居"进行详细考察。

带有的佛教色彩也愈发浓厚。由中国传入的"狂僧"形象，不仅丰富了日本僧传文学中的高僧类型，而且在日本僧传理想僧侣形象的塑造过程中发挥了重要作用。中国"狂僧"形象之所以能够在日本不断传承，是佛教在日本逐渐本土化过程中，不同时代对僧侣形象文学塑造的需要，反映了不同时代对理想僧侣形象认知的变迁。彰显僧侣脱俗本质的"狂僧"，成为区别僧与俗、遁世僧与官僧的典型形象之一。通过《智藏传》《增贺传》的考察不难发现，日本早期的"狂僧"形象多取材于《世说新语》中的竹林七贤，而中世佛教说话中的"狂僧"形象，则主要以《摩诃止观》为依据，并借助《续高僧传》等高僧传中"狂僧"的具体描写使人物形象更加鲜活、丰满。

纵观日本的僧传文学，"狂僧"形象屡屡登场，形成了一条独特的文学脉络，充分显示出"狂僧"的宗教价值与文学魅力。因此，仅以对智藏传与增贺传的考察，并不能把握日本"狂僧"形象的全貌。对于日本僧传文学中"狂僧"形象整体的阐明，及其与中国高僧传之间联系的考证，将作为笔者今后的研究课题。

第三章

从"诗僧"到"歌僧""数奇者"
—— "诗僧"形象在日本的传承

　　《高僧传》中记载的支遁、慧远等学僧，作为中国"诗僧"之源，促进了佛教在名士阶层的传播、佛教与老庄思想的融合及诗文对佛经的容摄。① 随着佛教中国化的深入，禅宗逐渐兴盛，至中唐以后，"诗僧"作为特殊的僧侣群体得以形成。《宋高僧传》中记载了众多"诗僧"形象，如寒山、拾得，如皎然、灵澈等。皎然等"诗僧"的诗论，更是促进了佛理与诗学的相互渗透，丰富了禅宗思想的表达方式。同样，佛教东渐日本后，也出现了"诗僧"。日本首部汉诗集《怀风藻》（751 年）中，收录了四位僧侣的诗作，并附传记。但随着佛教日本化的推进，佛教与和歌的结合又促成了"歌僧"的出现，尤其是在日本中世前后，涌现出西行、长明、明惠等大量"歌僧"，其"歌僧"形象及歌论在《发心集》《撰集抄》《明惠上人传记》等僧传文学中多有记载。西行等"歌僧"的歌论，促进了歌道与佛道的结合，肯定了和歌吟咏对佛道修行的积极

---

　　① 有关《高僧传》中的"诗僧"形象，详见本书第一章第三节。

作用。

如果"诗僧"是指"善诗的或以诗名世的出家僧侣"①，"歌僧"的概念也可依此类推。可见，"诗僧、歌僧"是兼有"诗人、歌人"和僧人双重身份的特殊群体。本章将通过中日僧传文学中记载的"诗僧、歌僧"形象的比较，考察中国"诗僧"与日本"诗僧、歌僧"之间的联系及区别，进而探究二者在中日佛教本土化过程中发挥的不同作用。

第一节　《怀风藻》僧传中的"诗僧"形象与中国高僧传

《高僧传》中反世俗的诗僧形象，同样可见于日本首部汉诗集《怀风藻》（751 年）僧传中。《怀风藻》共收录了释智藏、释辩正、释道慈、释道融等四位诗僧的僧传及诗作。四位诗僧多为留学僧或学问僧，其共同特征可概括为：遣唐留学（道融除外）、通晓汉学、受到唐或日本天子及皇后的优待、脱俗和反世俗的言行举止。②《怀风藻》的编者对四位诗僧的共同特征，尤其是体现僧侣本质的脱俗及反世俗性之所以格外关注，横田健一认为，是因为"脱俗、反世俗，作为僧侣本是理所当然的，而身为俗人的编者却

---

① 仪平策．中国诗僧现象的文化解读［J］．山东大学学报（哲学社会科学版），1994（2）：41．

② 横田健一．《怀风藻》所载僧传考［M］//横田健一．白凤天平的世界．大阪：创元社，1973：293－294．

是对此怀着极大的兴趣投身到僧传的编纂与叙述中的"①。但笔者认为，《怀风藻》编者的身份及其关注点只是原因之一，更多的应从《高僧传》中诗僧形象的传承、影响方面考虑。② 在此，笔者将着眼于《怀风藻》僧传及僧诗中所体现的脱俗和反世俗性，结合时代背景考察其与《高僧传》中"诗僧"形象的联系。

《怀风藻》四篇诗僧传中体现脱俗和反世俗性的典型代表可谓拒官不仕的道慈法师。

> 释道慈者，俗姓额田氏，添下人。少而出家，聪敏好学，英材明悟，为众所推。太宝元年，遣学唐国，历访明哲，留连讲肆。妙通三藏之玄宗，广谈五明之微旨。时唐简于国中义学高僧一百人，请入宫中，令讲仁王般若，法师学业颖秀，预入选中。唐王怜其远学，特加优赏，游学西土，十有六岁。养老二年，归来本国。帝嘉之，拜僧纲律师。性甚骨鲠，为时不容。解任归，游山野。时出京师，造大安寺，年七十余。

据其僧传记载：道慈才学出众，于大宝年间入唐，留学期间及归国后分别受到唐王和日帝的嘉奖。被任命为僧纲律师的道慈"性甚骨鲠，为时不容。解任归，游山野"。性格耿直的道慈法师不屈

---

① 横田健一.《怀风藻》所载僧传考［M］//横田健一. 白凤天平的世界. 大阪：创元社，1973：294.

② 有关《怀风藻》僧传与中国高僧传，尤其是与《续高僧传》之间的联系，参见小岛宪之. 汉语逍遥——《怀风藻》佛家传的考察［J］. 文学，1989（57–1）：46–54。拙稿中也有所论及（田云明. 中国古代"狂僧"形象的东渐——以智藏传、增贺传为例［J］. 外国文学评论，2018（2）：26–38.）。

从于世俗，于是辞退僧官，远离京城，选择了逍遥山野的生活方式。在道慈拒绝长屋王举办的宴会邀请的诗作《初春在竹溪山寺於长王宅宴追致辞》中，鲜明地体现了道慈的反世俗精神。其诗序中有如下论述：

> 沙门道慈启。以今月二十四日，滥蒙抽引，追预嘉会。奉旨惊惶，不知攸措。但道慈少年落饰，常住释门。至于属词吐谈，元来未达。况乎道机俗情全有异，香盏酒杯又不同。此庸才赴彼高会，理乖于事，事迫于心。若夫鱼麻易处，方圆改质，恐失养性之宜，乖任物之用。抚躬之惊惕，不遑启处。谨裁以韵，以辞高席。谨至以左，羞秽耳目。

自称"沙门"的道慈在受到宴会邀请寒暄客套之后，首先强调了自身"少年落饰，常住释门"的僧侣身份。其次以"道机"与"俗情""香盏"与"酒杯"的对比，凸显了佛门与世俗的区别。进而指出以僧侣的身份赴宴，就如同"鱼麻易处，方圆改质"，必将有损僧侣之本、背离修行之道。小岛宪之列举了《续高僧传》（卷三）《释慧净传》中所载辞皇太子令的启谢文"鱼鹿易处，失燥湿之宜，方圆改质，乖任物之性"，考察了与道慈诗序的联系，并指出了道慈诗序异于其他长屋王诗宴华美诗序群的独特性。而且，就拒绝长屋王宴会的邀请，小岛认为道慈与长屋王之间实际并无隔阂，只不过是编者学习了唐代《续高僧传》等僧传中拒绝朝廷命令的书写模式，并运用到拒绝赴宴的序文中的一种尝试而已。①
小岛的观点值得借鉴，阐明了道慈诗序的独特性及其由来。但应注
意到，《续高僧传》的这一书写模式也是有历史渊源的，它与前述
《高僧传》的支遁传、慧远传，乃至《后汉书》《晋书》等史书的
《逸民·隐逸列传》是一脉相承的。而且，无论道慈与长屋王是否
确有隔阂，在长屋王诗宴的众多宫廷诗人相关诗作中，仅道慈一人
敢于将拒绝行为落实于文字，这本身就是对僧侣脱俗和反世俗性的
一种自我标榜。其诗曰：

> 淄素杳然别，金漆谅难同。
> 纳衣蔽寒体，缀钵足饥咙。
> 结萝为垂幕，枕石卧岩中。
> 抽身离俗累，涤心守真空。
> 策杖登峻岭，披襟禀和风。
> 桃花雪冷冷，竹溪山冲冲。
> 惊春柳虽变，余寒在单躬。
> 僧既方外士，何烦入宴宫。

诗作首句承接诗序的基调，阐明了僧俗的区别。接着描写了山
中的生活，虽然环境艰苦，却表露了身临自然时充实、愉悦的心
境。进而以"抽身离俗累，涤心守真空"一句重申了僧侣的身份。
末句"僧既方外士，何烦入宴宫"再次强调僧侣身份，并拒绝赴

---

① 小岛宪之. 汉语逍遥——《怀风藻》佛家传的考察［J］. 文学，1989（57－
1）：46－54.

宴。此处道慈以"方外士"自居。"方外"一词，如本书第一章第二节所述，本是隐逸表现，其用例可见于《庄子·大宗师》"孔子曰：彼游方之外者也。而丘游方之内者也"、《世说新语·任诞篇》"裴曰，阮方外之人。故不崇礼制。我辈俗中人。故以仪轨自居"等，其本义是与在体制内恪守礼教的"方之内""俗中人"相对的、即使为官也无视礼教之人，例如以竹林七贤为代表的隐者。而后佛教相关典籍中也出现了"方外"的表达，如《弘明集》卷五所收慧远法师著《沙门不敬王者论》出家第二中的"出家则是方外之宾"，《高僧传》（卷七）《释云斌传》中的"斌曰，贫道方外之人，岂宜与天子同趣"等等，僧侣也以"方外"自称了。反映中国佛教与儒家、道教冲突融合状况的佛教文集《弘明集》（518年）与《高僧传》（519年）几乎同时成书，而两部佛教典籍中"方外"的用例分别为十五例和五例，从中可见魏晋南北朝时期僧侣的自我认知以及佛教与道教融合的一个侧面。这与两书成立的南北朝时期儒、佛、道三教相互排斥的同时逐渐趋于融合的时代背景也是一致的。"方外"一词语义的扩大，导致文章表述上隐者与僧侣的界限趋于模糊，无视礼教、蔑视王权等反世俗性成为联系二者的纽带。作为遣唐留学僧，道慈应当敏锐察觉到了当时中国本土的动向，并率先将"方外"一词导入了自己的诗作。其实，不仅限于道慈的诗文，就连后人执笔的道慈传中"解任归。游山野"的记载，也将其塑造成为一名反世俗的"方外士"。

同样，在《怀风藻》所收《道融传》中，亦可见拒绝朝廷嘉奖的反世俗行为。

释道融者，俗姓波多氏。少游槐市，博学多才，特善属文，性殊端直。昔丁母忧，寄住山寺。偶见法华经，慨然叹曰："我久贫苦，未见宝珠之在衣中。周孔糟粕，安足以留意？"遂脱俗累，落饰出家，精进苦行，留心戒律。时有宣律师六帖钞，辞义隐密，当时徒绝无披览。法师周观，未踰浃辰，敷讲莫不洞达。世读此书，从融始也。时皇后嘉之，施丝帛三百四。法师曰："我为菩提，修法施耳。因兹望报，市井之事耳。"遂策杖而遁。

据《道融传》载，法师自幼博学多才，擅长文章，为人正直，偶然受到《法华经》的启发而出家。类似《高僧传》中的慧远，可谓弃儒从佛的诗僧。因短时间内通晓了难解的《六帖抄》而得到皇后的嘉奖，而法师却言道："我为菩提，修法施耳。因兹望报，市井之事耳。"以僧俗有别为由严词拒绝了皇后的嘉奖，随即遁迹山林。

通过上述考察可见，《怀风藻》诗僧传、诗序及诗作中，记载了众多拒绝宴会邀请、朝廷嘉奖，辞退僧官等脱俗和反世俗的言行。当然，小岛指出的中国高僧传书写模式的影响不可否认。尤其是佛教与老庄不断融合的魏晋南北朝时期成书的《弘明集》《高僧传》中，将僧侣比作竹林七贤，援用"方外"等本来用于隐者的固定表现来描写僧侣，这些表现倾向被《广弘明集》《续高僧传》所继承，并很快影响到《怀风藻》收录的诗僧传。纵观《怀风藻》收录的九篇作者传记，为何只有僧传中有反世俗行为的记载？在宫廷这一特定的政治空间内，相对于以吉野的仙境化来体味隐逸情致的宫廷人，僧传及僧诗中记载的僧侣反世俗行为是极为特别的。援用中国高僧传中拒绝权贵的书写模式，除了突出僧侣的脱俗和反世俗性之外，对于日本早期僧侣形象的塑造有无其他意义？笔者以为，随着佛教在中国本土化的推进，高僧传中不断塑造出具有隐者特质的僧侣形象，即隐者型僧侣形象，由于中国僧传的大量传入与抄写，日本的文人贵族便萌发了试图为本国僧侣作传的想法，由此促使了《怀风藻》僧传的诞生。而拒绝长屋王诗宴邀请的道慈、拒绝皇后嘉奖而遁迹山林的道融，恰恰是具有隐者特质僧侣形象的绝佳人选。与通过人（留学僧）、物（佛典）交流传到日本的佛教不同，隐逸主要是通过汉籍，尤其是文学作品才为日本人所知晓的。描写得宛如隐者的僧传以及积极导入隐逸表现的僧诗，可谓当时将僧侣等同于想象中的隐者的一个契机。

　　换言之，中国的隐逸作为外来文化并未在日本扎根，日本本土也未出现过一位真正意义上的隐士。隐逸相关的文学表现在传入日本之时就蒙上了一层佛教色彩，这也为日本中世前后"遁世"这一"佛""隐"融合的独特出家形式的出现奠定了基础。

第二节　中唐诗僧皎然与平安初期诗僧空海

一、中唐诗僧皎然

　　随着佛教在中国的本土化，尤其是禅宗的不断兴盛，诗僧作为一个特殊的群体逐渐形成。有关诗僧阶层形成的原因，周裕锴归纳出两个因素："是僧是俗并不重要，学禅作诗两不相妨，这是诗僧阶层形成的第一个因素";"名教与自然，出世与入世这些贯穿整个封建社会历史中的士大夫内心的矛盾，便在特殊的历史条件下以一种特殊的方式表现出来，这是诗僧阶层形成的第二个因素"。① 对唐代诗僧的概况，刘禹锡曾经在《澈上人文集纪》中指出：

> 世之言诗僧，多出江左。灵一导其源，护国袭之；清江扬其波，法振沿之。如幺弦孤韵，瞥入人耳，非大乐之音。独吴兴昼公，能备众体。昼公后，澈公承之。

这位被刘禹锡称赞的"昼公"，即唐代诗僧代表之一的皎然。据《宋高僧传·皎然传》记载，皎然俗姓谢氏，字昼，湖州长城人，是谢灵运十世孙。生前以文章名世，与颜真卿、灵澈、韦应物等官僚、僧侣、文人交往甚盛。有《吴兴上人集》（亦称《杼山集》《皎然集》）十卷，《儒释交游传》《内典类聚》四十卷，《号呶子》十卷，诗论《诗式》《诗议》等作品传世。皎然传中有如下文字，显示了皎然作为诗僧的特点：

> 文章隽丽，时号为释门伟器哉。后博访名山，法席罕不登听者。然其兼攻并进，子史经书，各臻其极。凡所游历，京师则公相敦重，诸郡则邦伯所钦，莫非始以诗句牵劝，令入佛智，行化之意，本在乎兹。

---

① 周裕锴. 中国禅宗与诗歌 [M]. 上海：复旦大学出版社，2017：44.

皎然内外兼修，以诗会友，凭借出众的文才得到文人士大夫的敬仰，并利用"诗句"引导他们归心佛门，进入佛境。可见皎然作诗不仅仅是出于一己的兴趣，而是把诗歌作为弘扬佛法的方法和手段，即佛教所谓的"方便"。此时，诗道与佛道是相一致的。皎然的早期诗作《短歌行》便是其中一例。诗作从古往今来、无论高低贵贱都难逃一死的悲叹起笔，倡导人们到达超越生死的境地，皈依佛门。①

值得关注的是，在诗僧皎然内心，吟诗与参禅并非毫无矛盾，皎然传中的如下记载便是证据。

　　贞元初，居于东溪草堂，欲屏息诗道，非禅者之意，而自悔之曰："借使有宣尼之博识，胥臣之多闻，终朝目前矜道侈义，适足以扰我真性。岂若孤松片云，禅座相对，无言而道合，至静而性同哉？吾将入杼峰，与松云为偶。"所著诗式及诸文笔，并寝而不纪。因顾笔砚曰："我疲尔役，尔困我愚，数十年间了无所得。况汝是外物，何累于人哉？住既无心，去亦无我，将放汝各归本性，使物自物，不关于予，岂不乐乎？"遂命弟子黜焉。

由此可见，当时的皎然认为诗歌创作"扰我真性"，与禅宗倡导的"不立文字""以心传心"是相悖的。并且称诗文为"外物"，数十年为其累心劳神，有执着文字之嫌，于是断然中止了诗歌创

---

　　①　皎然《短歌行》与空海《游山慕仙诗》之间的影响关系，详见本节第二部分。

作，当然在贞元五年五月之后，皎然又开始了自己的诗歌创作。一方面，将诗歌看作弘扬佛法的"方便"，另一方面，又将诗歌看作扰乱修佛真性的"外物"，这种内心的矛盾与挣扎，不仅限于皎然一人，而是兼顾吟诗与参禅的诗僧以及一心向佛的诗人所要共同面对的烦恼。

二、诗僧空海的文学观及其在诗歌创作中的实践

日本平安时代（794—1185 年）初期陆续编纂了三大敕撰汉诗集，其中的《文华秀丽集》《经国集》甚至出现了佛教诗的专门类别——梵门。这些梵门诗大多出自宫廷人之手，仅有一名来自佛门的诗人——空海的诗作被收录。平安初期的僧侣空海（774—835 年），不仅作为真言宗的开祖对佛教界影响深远，同时，作为一名擅长诗文的诗人，有中国文论史料集《文镜秘府论》、诗文集《性灵集》等存世，对宫廷诗坛的影响亦不可小觑。《性灵集》卷一中收录的《游山慕仙诗》，以及与良岑安世的赠答诗《入山兴》《山中有何乐》等一系列诗作，虽以六朝至初唐的诗文为参照，但既不同于宫廷人的梵门诗，又与《庄子·逍遥游》及《文选》中的《游仙诗》《游天台山赋》等先行文学有本质区别。尤其是《性灵集》开篇之作《游山慕仙诗》，诗题乍看是隐逸风的游仙诗，内容却富含佛理。波户冈旭通过与《楚辞·远游》、曹植和郭璞等人的游仙诗的比较，考察了该诗的结构、用典、创作动机及主题，指出空海的《游山慕仙诗》倡导的是佛教思想，并非单纯吟咏游仙之

趣，而是兼论俗世与无常，因此是真正的游仙诗。① 对此，井实充史提出异议，认为"并无沿袭《文选》游仙诗的痕迹，提及但不沿袭，可以说是有意无视或回避"，并肯定了空海"想要吟咏出形式内容皆为全新的游仙诗"的创作意图。② 二者虽然对《游山慕仙诗》与《文选》等所载游仙诗的关联性有所论及，但是有关空海入唐时受到的中国本土文学作品及思想动向的影响，未进行深入探讨。空海的《游山慕仙诗》是如何导入佛教的要素，对《文选》的游仙诗进行重构的？这首诗完全为空海自身的独创吗？下面，将从空海归日后的著述中表现的文学观入手，把握其文学创作的姿态，尤其是与入唐时涉猎的诗文及儒、佛、道三教论的联系，进而考察《游山慕仙诗》对《文选》游仙诗的容摄与超越。

（一）空海的文学观

空海的文学观，首先体现在入唐以前、二十四岁时写下的《聋瞽指归》及之后的《三教指归》中。通过考察两部著作的序文，可知入唐前后空海文学观的变化。入唐以前所著《聋瞽指归》序文③的开头，空海首先论述了诗文成立的根源，而后指出"然人有工拙词有妍蚩。曹建之诗未免龃龉，沈休之笔犹多病累"，从诗文创作的技术层面评论了曹植、沈约等《文选》代表诗人的不足之

---

① 波户冈旭．论空海作《游山慕仙诗》——对用典出处的考察［J］．国学院杂志，1976（77－8）：43－56．

② 井实充史．空海诗赋的方法——《道》《俗》对立及与《俗》的对抗［J］．言文，2006（53）：16－35．

③ 《聋瞽指归》序文引自《聋瞽指归·三教指归对照表》，收录于渡边照宏、宫坂宥胜校注．三教指归 性灵集［M］．东京：岩波书店，1983：542．

处。并列举唐朝张文成的《散劳记》（即《游仙窟》①）和本朝日雄人的《睡觉记》，论述如下：

> 复有唐国张文成著散劳书，词贯琼玉笔翔鸾凤，但恨滥纵淫事曾无雅词。（中略）本朝日雄人述睡觉记，胜辩巧发诡言云敷。（中略）虽并先人之遗美，未足后诫之准的。

有关《游仙窟》和《睡觉记》，空海先以"词贯琼玉笔翔鸾凤""胜辩巧发诡言云敷"，分别肯定了二者的创作技巧，又以"但恨滥纵淫事曾无雅词""未足后诫之准的"，对二者的思想内容加以否定。承认二者"并先人之遗美"，即作为古典的价值，同时又批判二者"未足后诫之准的"，即不能成为劝诫的模范。此处可见"肯定中有否定，继承中有拒绝"② 这一空海接受外来文学的姿态。敢于批判作为汉诗文权威的《文选》及当时流行文学的代表《游仙窟》，空海的这一态度与以往一味地模仿《文选》《游仙窟》章句的宫廷人创作姿态大相径庭。由此可见，空海文学评论的标准，除了创作技巧，更加注重诗文的思想内容。正如《聋瞽指归》中所言"冯彼所之之文，仰此言志之义"，该书的创作动机是"言志"。"言志"一词，可见于《毛诗大序》"诗者，志之所之也，在心为志，发言为诗"，《尚书·舜典》"诗言志"等，是基于以诗文

---

① 参照村冈空译注《聋瞽指归》（弘法大师空海全集编辑委员会．弘法大师空海全集：第六卷［M］．东京：筑摩书房，1990．）的注释和解说。

② 川口久雄．平安朝汉文学的开花——诗人空海与道真［M］．东京：吉川弘文馆，1991：90．

弘扬治国之志的儒家文学理念而产生的。空海援用了儒家利用文学作为治国手段的方法，将治国之志替换成出家之志，提倡以文学作为传教的手段。综上，空海将儒家以文学统治国家、教化民众的方法借用到了佛教的传教、救济上。

被视为唐土留学归国后的改作《三教指归》，其序文同样以"虽云凡圣殊贯。古今异时。人之写愤。何不言志"标榜了"诗言志"。从中可见空海重视诗文思想内容的文学观与入唐之前并无变化。之后，未见《聋瞽指归》中对《文选》《游仙窟》的批判，取而代之的是对自身弃儒从佛经过的叙述。而且，对于"释李孔"即佛、道、儒三教，指出"虽浅深有隔，并皆圣说"，揭示了空海对三教肯定的态度，突出了《三教指归》作为思想论的特性。从内容方面来看，《三教指归》自始至终都贯彻了佛教主导的立场，首先介绍儒家思想，其次从道教的立场批判儒家，最后又从佛教的立场批判道教。但这并不意味着对儒家、道教的排斥。在批判中继承——空海接受外来文学的姿态，与接受外来思想的姿态是相通的。另外，语言表述上值得注意的是，序文"信大圣之诚言"中的"大圣"，是《聋瞽指归》未曾使用过的佛祖称呼。空海《御请来目录》① 中记录的《大圣文殊师利菩萨佛刹功德庄严经三卷》《大圣天欢喜双身毘那夜迦法一卷》等书目，可见"大圣"一词在当时唐土流传的佛教典籍中是被广泛使用的。进一步追本溯源，记录了大量佛教与道教论说文的唐道宣撰《广弘明集》，其序文中有"原夫小道大道自古常谈，大圣小圣由来共述"的表述。"大圣"

---

① 详见"佛教书籍目录 第二"，收录于佛书刊行会. 大日本佛教全书二［M］. 东京：东京印刷株式会社，1914.

不仅是对佛祖的称呼，还是与指代仙人的"小圣"相对的表述，蕴含着佛教高于道教的观念。《御请来目录》甚至可见《三教不齐论》等唐代的三教关系论，反映出当时儒家、佛教、道教的融合状况。归国后将《聋瞽指归》更名为《三教指归》，可见空海对当时唐土思想界的动向把握极为准确。

空海对文学的态度，不仅限于《聋瞽指归》《三教指归》，在其所撰文论史料集《文镜秘府论》中也有体现。例如，他在序文"夫大仙利物，名教为基，君子济时，文章是本也"①中指出："大仙"即佛陀引导众生，是以"名教"即语言为基础；"君子"即儒家德高望重之人救世济民，是以文章为根本。阐明了僧人创作诗文的合理性。"大仙"一词可见于《涅槃经》卷二寿命品"大仙入涅槃，佛日坠地"。"利物"一词出自《庄子·天地篇》"爱人利物之谓仁"。"君子济时，文章是本也"依据的是《文选》所收曹丕《典论·论文》"文章经国之大业"中所述的儒家文学观。区区十八个字，却展现了空海内典外典运用自如的文风。之后，在论述"世间出世"即俗世与佛界中文章的重要性时，不仅以佛典为依据，指出"故经说阿毗跋致菩萨，必须先解文章"，还援引《论语·阳货篇》"小子何莫学夫诗"。但三教兼学的空海"志笃禅默，不屑此事"，表明了自身的佛教立场，肯定文学的意义，又始终保持与文学的距离。正如空海弟子真济所写《性灵集》序文中的"风雅劝戒"，显示了空海以文学为传教手段的文学观。

空海巧妙援用"诗言志"的传统诗观和"文章经国"的儒家

---

① 《文镜秘府论》的原文引自弘法大师空海全集编辑委员会. 弘法大师空海全集：第五卷［M］. 东京：筑摩书房，1986.

文学观，阐述"名教为基"，强调了文学作为佛教传教、救济、教化手段的重要价值。由此，较之创作技巧，空海更加重视思想内容的原因就显而易见了。空海的文学观到底对游仙诗的重构产生了怎样的影响？在分析其《游山慕仙诗》之前，先考察一下《文选》游仙诗的内容及结构。

（二）《文选》游仙诗的二重结构

有关《文选》游仙部的解题，李善注曰："凡游仙之篇，皆所以滓秽尘网，锱铢缨绂，浪霞倒景，饵玉玄都。而璞之制，文多自叙，虽志狭中区，而辞无俗累，见非前识，良有以哉！"① 揭示了游仙诗思慕仙境、厌恶俗世与官场的两大主题。《文选》游仙部中收录的何劭一首、郭璞八首，分别是游仙诗两大主题的代表之作。正如"去世游仙"的定义，游仙诗是通过精神层面畅游仙境，以达到超越世俗的目的，这与隐逸诗的主旨是相通的。周弘让在《艺文类聚》所收《无名诗》（卷三十六·隐逸上）中甚至咏出"相看不道姓，焉知隐与仙"的诗句，可见当时隐者与仙人是很难区分的。游仙诗中，以"去世"为重点，将游仙的题材、形式与隐逸的主题相结合的作品，被称之为"游仙隐逸诗"②。例如，游仙隐逸诗的集大成之作——郭璞的《游仙诗》，其诗曰：

《游仙诗》七首（其一）
　京华游侠窟，山林隐遁栖。

---

① （梁）萧统编，（唐）李善注. 文选［M］. 上海：上海古籍出版社，1986：1018.
② 霍建波. 宋前隐逸诗研究［M］. 北京：人民出版社，2006：102.

朱门何足荣？未若托蓬莱。

临源挹清波，陵冈掇丹荑。

灵溪可潜盘，安事登云梯？

漆园有傲吏，莱氏有逸妻。

进则保龙见，退为触藩羝。

高蹈风尘外，长揖谢夷齐。

诗中指明了生于乱世的三条道路。其一是置身"朱门"，即出仕；其二是"山林隐遁"，即隐逸；其三是托身蓬莱，即游仙。从"朱门何足荣""长揖谢夷齐""未若托蓬莱"等诗句的字面意思来看，作者否定了出仕和隐逸，选择了游仙之路。但如清代何焯所指，"京华与山林并起，见用意之所在。仙无他异，正所谓山林之客。读游仙诗，须知此意"①，游仙仅仅是形式，其本质与隐逸是相通的。描写"清波""丹荑""灵溪"等如仙境般的自然美景，是为了表达"安事登云梯"的脱俗情怀。

然而，诗人憧憬的仙境，并非遥不可及之处，而是"临源挹清波，陵冈掇丹荑"的山林；诗人敬仰的人物，如"漆园有傲吏，莱氏有逸妻"所言，是庄子、莱氏之妻等拒官不仕的隐者。仙境也好，山林也罢，都是通过超凡脱俗的自然描写，来凸显世俗和官场的丑陋。从这个角度来看，游仙和隐逸是相通的。换言之，游仙隐逸诗重在隐逸，而非游仙；游仙只是手段，而隐逸才是真正目的。

尽管选择了游仙之路，但如《游仙诗》其四"淮海变微禽，

---

① 内田泉之助. 新释汉文大系文选（诗篇）上［M］. 东京：明治书院，1963：147.

吾生独不化"中的吟咏，作者对是否能够得道成仙还是抱有疑问的，甚至在"虽欲腾丹谿，云螭非我驾""临川哀年迈，抚心独悲吒"等诗句中，表达了对逝去年华的哀叹、欲长生不老而不得的绝望。另一方面，对于"蕣荣不终朝，蜉蝣岂见夕"所描述的世间无常，郭璞列举的解决方法是"圆丘有奇草，钟山出灵液""按期炼五石"，即长生不老药及仙人的炼丹术。然而，以神仙思想克服世间无常、实现长生不老，与作者怀疑、绝望的态度是相互矛盾的，缺乏真实性和说服力。

通过上述考察可见，郭璞虽然向往的是超越"朱门""山林"的仙境，但游仙诗中创作出来的却是类似人间山林的场所。面对世间无常，神仙思想所倡导的长生不老的局限性愈发明显。《游仙诗》其七的尾联"长揖当涂人，去来山林客"，与其一的首联"京华游侠窟，山林隐遁栖"遥相呼应，表达了游仙诗的主旨是辞官不仕、山林隐逸，其结构是"朱门—山林"的二重结构。

（三）对游仙诗的超越——空海《游山慕仙诗》

对《文选》游仙诗，空海在《游山慕仙诗》① 序文中有如下评价：

> 昔何生郭氏，赋志游仙，格律高奇，藻凤宏逸。然而，空谈牛蹢，未说大方。余披阅之次见斯篇章吟咏再三，惜义理之未尽。遂乃抽笔染素指大仙之窟房，兼悲烦扰于俗尘，比无常于景物，何必神龟照心一足也。大仙圆智略有五十三焉，鉴机

---

① 《游山慕仙诗》原文引自渡边照宏、宫坂宥胜校注．三教指归 性灵集［M］．东京：岩波书店，1983．

应物其数不少。今之勒韵意在此乎。一览才子，庶遗文取义。
云尔。

　　针对何、郭二氏的游仙诗，空海以"格律高奇，藻凤宏逸"高
度评价了其文采，但却以"空谈牛蹢，未说大方""惜义理之未
尽"，指出其内容仅限于"空谈"，未对民众的教化发挥作用。这
与梁僧祐编《弘明集》序"读神仙不死之书，抑而不信，以为虚
诞"的批判极为相似。亦与《三教指归》中论述的重视思想内容
的文学评价标准相吻合。之后，以"抽笔染素指大仙之窟房，兼悲
烦扰于俗尘，比无常于景物"，明确了此诗的创作动机。如《出曜
经》"仙人龙中上，大仙最为尊。无数佛沐浴，是谓为梵志"所
述，此处的"大仙"指的是佛，是凌驾于《文选》游仙诗中描写
的仙人之上的概念。"大仙之窟房"是佛教空间，是高于仙境的境
界。以"大仙"批判被宫廷文人尊为权威的《文选》游仙诗，不
难发现，空海的这一姿态，与《三教指归》"大圣"一词相同，都
是基于佛教主导的立场。这与当时宫廷贵族极力模仿《文选》《艺
文类聚》隐逸表现的创作姿态大相径庭。
　　在《游山慕仙诗》中，空海是如何借助游仙诗的形式，导入佛
教的无常思想，并立足佛教思想构建出超越游仙诗仙境的佛教境界
的？下面，将通过对游仙与佛教相关内容的解析，来论证空海的推
理方法。

　　　　高山风易起，深海水难量。
　　　　空际无人察，法身独能详。

> 凫鹤谁非理，螳龟讵叵暲。
>
> 叶公珍假借，秦镜照真相。

　　诗文开篇，空海用"高山、风、深海、空"等自然景物，描写了如《金光明经》"妙高山"所象征的佛教空间，烘托出《游山慕仙诗》的整体背景。之后列举《庄子·外篇·骈拇》中"凫鹤"的寓言，论述"法身"智慧的博大精深，揭示了全诗的基本立场。下面"鸦目唯看腐，狗心耽秽香"等一系列诗句，以各种动物作比喻，描写了人世间的污秽丑陋，形象地诠释了序文"悲烦扰于俗尘"。其中"能言若鹦鹉，如说避贤良""营营染白黑，赞毁织灾殃"等诗句仅从侧面影射了官场的险恶，并没有像郭璞《游仙诗》中的"朱门何足荣"那样，对官场进行正面抨击。从空海的佛教立场来看，官场仅仅是俗世的组成部分而已，无须刻意强调。

　　与序文"比无常于景物"相对应的，有如下具体描写：

> 季舒如矢运，四节令人僵。
>
> 柳叶开春雨，菊花索秋霜。
>
> 穷蝉鸣野外，蟋蟀帐中伤。
>
> 松柏摧南岭，北邙散白杨。
>
> 一身独生殁，电影是无常。
>
> 鸿燕更来去，红桃落昔芳。
>
> 华容偷年贼，鹤发不祯祥。
>
> 古人今不见，今人那得长。

前半部分有关四季推移变化的描写，主要以悲秋为基调，通过霜打的残菊、寒蝉蟋蟀的哀鸣、干枯的松柏、落叶纷飞的墓地，勾勒出萧索的秋景。此处值得注意的是，成功援用仙境中常见的常青植物松柏，烘托出与仙境形成鲜明对照的衰败景象。空海采用的是借自然景物导入佛教无常思想的手法。后半部分，以"一身独生殁，电影是无常"为开端，从景物描写转向了对人间生死无常的述说，借助候鸟、落花、衰老、生死等题材倡导无常之理，彻底否定了标榜长生不老的神仙思想。描写了世间污秽、无常的现实之后，空海开始展示游仙的世界。

避热风岩上，逐凉瀑飞浆。

狂歌薜萝服，吟醉松石房。

渴滄涧中水，饱吃烟霞粮。

白术调心胃，黄精填骨肪。

锦霞烂山幄，云幕满天帐。

子晋凌汉举，伯夷绝周梁。

老聃守一气，许脱贯三望。

鸾凤梧桐集，大鹏卧风床。

崑岳右方庑，蓬莱左边厢。

名宾害心实，忽驾飞龙翔。

空海利用攀登、采药、列仙、神鸟、蓬莱等游仙诗的典型素材，成功刻画了栩栩如生的人间仙境。这些内容的确是基于神仙思想，但单纯拥有神仙思想的抽象知识想要完成如此具体的仙境描写也是不可能的。"避热、逐凉""薜萝服、松石房""渴湌、饱噢""锦霞、云幕""山幄、天帐",字里行间无不洋溢着日常生活的气息,处处影射了空海山岳修行的亲身体验。同时,这种修行生活与投身自然、悠然自得的隐逸生活也极为相似。以往的游仙诗吟咏至此便应收笔,然而空海并未停留在基于神仙思想所描绘的仙境,而是以"名宾害心实"断然对其加以否定。援用《庄子·逍遥游》的"名者实之宾也",批判人间仙境只不过徒有虚名,甚至成为通往"大仙",即佛教世界的障碍,将读者进一步引向"大仙"世界。

飞龙何处游,寥廓无尘方。

无尘宝珠阁,坚固金刚墙。

眷属犹如雨,遮那坐中央。

遮那阿谁号,本是我心王。

三密遍刹土,虚空严道场。

山毫点溟墨,乾坤经籍箱。

万象含一点,六尘阅缣缃。

行藏任钟谷,吐纳挫锋铓。

三千隥行步,江海少一尝。

寿命无始终,降年岂限壃。

光明满法界,一字务津梁。

景行犹仰止,思斋自束装。

飞云几生灭,霭霭空飞扬。

缠爱如葛旋,萋萋山谷昌。

谁如闲禅室，澹泊亦倘佯。

日月光空水，风尘无所妨。

是非同说法，人我俱消亡。

定慧澄心海，无缘每汤汤。

乘驾飞龙到达的是"宝珠阁""金刚墙"所象征的佛教世界。具体而言，如诗句"春属犹如雨，遮那坐中央。遮那阿谁号，本是我心王"所述，是指以大日如来为教主的真言密教的世界。"山毫点溟墨，乾坤经籍箱"，即以俗世的山为笔，海为墨，天地为藏经箱。"三千隘行步，江海少一尝"，是指宇宙狭窄得不足一跨，江海之水少得不足一尝，表现了法界空间的无限大。同时，"寿命无始终，降年岂限墙"，表现了超越俗世生死无常、光阴流转的法界时间的无限大。空海笔下的"大仙界"是远远超越人间的无限时空，这与洋溢着日常生活气息的"小仙界"形成了鲜明的对比。进而，以"飞云几生灭""缠爱如葛旋"比作俗世的烦恼、贪欲，以"谁如闭禅室，澹泊亦让祥"的反问句式，敦促人们远离俗世，投身法界。下面两句"日月光空水，风尘无所妨。是非同说法，人我俱消亡。"，描写的是从"法身"的视角看到的大自然景物与佛法境界自在融合的"自然"世界。[①] 最后，阐述了以禅定和智慧达到澄心的状态。整首诗以"难角无天眼，抽一示文章"结句，慨叹了劝诫的艰难。

空海的《游山慕仙诗》，与以往的游仙诗有相似之处，但却似

① 猪股清郎．空海《游山慕仙诗》的思想构造［J］．大正大学大学院研究论集，2008（32）：127.

是而非。正如诗序"悲烦扰于俗尘，比无常于景物"所述，空海诗与游仙诗的差异主要体现在佛教无常思想的导入。回顾《游山慕仙诗》的展开，首先，呈现了《游山慕仙诗》的整体背景，揭示了整首诗以佛教为本的基本立场。其次，具体描写了俗世的污秽与无常。再次，以神仙思想为基础创造出"小仙界"，试图超越俗世。而后，又否定了徒有虚名的"小仙界"，以"大仙界"即佛教境界来超越仙境。最后，倡导人们投身法界，并以佛道艰辛之慨叹搁笔。纵观整篇诗文，可以读解出空海脑海中"俗界—小仙界—大仙界"三重结构的构思。并非从俗界直接跨越到大仙界，而是经过小仙界这一过渡阶段进而到达大仙界。三重结构中，小仙界起到了连接俗界与大仙界的桥梁作用。基于神仙思想的《文选》游仙诗仅仅停留在"朱门—山林"，即"俗界—小仙界"的二重结构，而且将俗界限定为官场，主要借游仙之形抒发隐逸之情。而空海的《游山慕仙诗》则是从佛教的立场出发，将对官场的厌恶纳入俗世的烦恼，并对试图超越俗界烦恼与无常的小仙界在一定程度上予以肯定，进而以佛教思想将其超越性相对化，最终倡导人们奔赴更高的超越境地、皈依佛门。空海《游山慕仙诗》的构思，与《三教指归》中揭示的佛教主导的三教论完全一致。

（四）与中唐诗僧皎然《短歌行》的联系

正如井实所述，《游山慕仙诗》的问世，是缘于空海无论形式还是内容都要突破以往游仙诗的强烈创作意图。那么，这首诗的构思，完全为空海自身的独创吗？在此，不得不提及中唐诗僧皎然的一首诗作《短歌行》。

在阐述两首诗作的关系之前，首先介绍一下皎然的简历。皎然俗姓谢氏，字昼，湖州长城人，是谢灵运十世孙。有关其生卒年史料并无明确记载，一般认为生于开元八年（720 年）前后，逝于贞元九年（793 年）以后。① 据《宋高僧传》皎然传记载，皎然生前以文章名世，与颜真卿、灵澈、韦应物等官僚、僧侣、文人交往甚盛。有《吴兴上人集》（亦称《杼山集》《皎然集》）十卷，《儒释交游传》《内典类聚》四十卷、《号呶子》十卷，诗论《诗式》《诗议》等作品传世。② 据兴膳宏推测，皎然"死于 791 年前后，空海入唐的十余年前还在世，（中略）与空海是同世之人"③。据记载，空海于贞元二十年（804 年）至元和元年（806 年）的两年间入唐求法，的确未与皎然直接见面。但是，身兼僧侣与文人的二人通过诗文建立了联系。在日本，皎然的诗论著作《诗议》最早是被空海的《文镜秘府论》所直接引用的。而且，兴膳指出《文镜秘府论》是明确记载《诗议》书名的最早文献，并据此推测《诗议》是由空海从唐土直接带回本国的。④ 此推测的佐证之一，便是空海在唐期间以文会友、诗文赠答等文化交流活动。据《性灵集》序文记载，"籍甚满邦，缥素仰止。诗赋往来，动剩箧笥"，显示了空海与唐代文人墨客广泛交往的活跃程度。同序还有一段关于离合诗唱和的记述：

---

① 有关皎然的生卒年，可参见姚垚．皎然年谱稿［J］．中国书目季刊，1979（13 - 2）；贾晋华．皎然年谱［M］．厦门：厦门大学出版社，1992.
② 有关皎然生平的相关记述，主要依据《唐湖州杼山皎然传》，收录于（宋）赞宁撰，范祥雍点校．宋高僧传［M］．北京：中华书局，1987：728 - 730.
③ 兴膳宏．解说［M］//弘法大师空海全集编辑委员会．弘法大师空海全集：第五卷．东京：筑摩书房，1986：1122.
④ 兴膳宏．解说［M］//弘法大师空海全集编辑委员会．弘法大师空海全集：第五卷．东京：筑摩书房，1986：1128.

和尚昔在唐日，作离合诗赠土僧惟上。前御史大夫泉州别驾马总，一时大才也。览则惊怪，因送诗云，云云。

有关空海作离合诗，蔡毅认为是受到了以权德舆为首的离合诗唱和群体的影响。① 而针对序文中提及的马总，蔡毅进一步指出：

马总受到姚南仲知遇，而姚为皎然之友，皎然是颜真卿浙西联唱集团的中坚人物，曾将灵澈推荐给权德舆，权德舆、杨於陵及刘禹锡均与灵澈有交往。尤其是刘禹锡作为马总的好友，有大量赠予马总的诗作存世。②

以上记述中揭示的皎然与马总以及离合诗唱和群体成员的关系值得重视。由《宋高僧传·皎然传》中"早年曾见沈约品藻，慧休翰林，庾信诗箴，三子所论殊不及此（前御史中丞李洪对皎然《诗式》的评价，笔者注）""昼以陆鸿渐为莫逆之交，相国于公頔，颜鲁公真卿命裨赞韵海二十余卷""时颜鲁公为刺郡。早事交游而加崇重焉"③ 等记载可知，皎然作为颜真卿湖州文人群体的核心人物之一，其名望颇高。另外，通过《宋高僧传·灵澈传》中"澈游吴兴，与杼山昼师一见为林下之游，互相击节。（中略）又

---

① 蔡毅. 空海在唐作诗考［M］//兴膳教授退官纪念中国文学论集编集委员会. 兴膳教授退官纪念中国文学论集. 东京：汲古书院，2000.

② 蔡毅. 空海在唐作诗考［M］//兴膳教授退官纪念中国文学论集编集委员会. 兴膳教授退官纪念中国文学论集. 东京：汲古书院，2000：467.

③《唐湖州杼山皎然传》，收录于（宋）赞宁撰，范祥雍点校. 宋高僧传［M］. 北京：中华书局，1987：728 – 729.

权德舆闻澈之誉，书问昼公、回简极笔称之"① 等记载，皎然与灵澈、权德舆的深交可见一斑。

总之，皎然与马总乃至离合诗唱和群体的成员的确存在直接或间接的交往。空海得到皎然《诗议》的途径虽然尚不明了，但恐怕与离合诗唱和群体的成员不无关系。由空海能够直接得到皎然的诗论著作推测，空海直接目睹皎然诗作的可能性也是极大的。

另外，空海在弘仁三年（812年）向嵯峨天皇献上的《献杂文表》中，有《急就章》一卷、《王昌龄集》一卷、《杂诗集》四卷等。《王昌龄集》应为盛唐诗人王昌龄的诗集。王昌龄的《诗格》与皎然的《诗议》同为收录于《文镜秘府论》的诗论著作。可见，空海对诗论著者的诗作也是极为重视的。这也可成为空海关注皎然诗作的旁证。

下面，试对皎然的《短歌行》② 与空海的《游山慕仙诗》进行比较，探讨二者诗作间的影响关系。

《短歌行》

古人若不死，吾亦何所悲。萧萧烟雨九原上，白杨青松葬者谁。贵贱同一尘，死生同一指。人生在世共如此，何异浮云与流水。短歌行，短歌无穷日已倾。邺宫梁苑徒有名，春草秋风伤我情。何为不学金仙侣，一悟空王无死生。

---

① 《唐会稽云门寺灵澈传》，收录于（宋）赞宁撰，范祥雍点校. 宋高僧传［M］. 北京：中华书局，1987：369 – 370.

② 《短歌行》的原文引自释皎然. 昼上人集［M］//张元济，等. 四部丛刊. 上海：商务印书馆，1929.

　　《短歌行》由无论古今、贵贱，人终难逃一死的哀叹起笔，劝导人们到达超越生死的境界，皈依佛门。从语言表述的层面来看，"古人若不死，吾亦何所悲"一句，与空海诗中"古人今不见，今人那得长"类似。其后"白杨青松葬者谁"中的"白杨""青松"，与空海诗"松柏摧南岭，北邙散白杨"选用的诗歌素材相同。有关《游山慕仙诗》此句的用典出处，波户冈旭认为，较之《古诗十九首》第十三首的"驱车上东门，遥望郭北墓。白杨何萧萧，松柏夹广路"，第十四首中"古墓犁为田，松柏摧为薪。白杨多悲风，萧萧愁杀人"的语言表述则更为接近。① 从"萧萧烟雨九原上"中"萧萧"等用词可见，皎然的《短歌行》也是参照《古诗十九首》而作的。皎然甚至在《文镜秘府论》所引《诗议》中，评价李陵诗作时提及《古诗十九首》曰："少卿以伤别为宗，文体未备，意悲调切，若偶中音响，《十九首》之流也。"并称"古诗以讽兴为宗，直而不俗，丽而不圬，格高而词温，语近而意远"，对古诗大加赞许。可以想见，空海目睹了皎然对《古诗十九首》的评价后，进一步查阅《短歌行》的先行作品《古诗十九首》，并将其用语表现援用到了《游山慕仙诗》中。皎然诗与空海诗在题材选择上极为相似，如四季的景物、古人今人的生死等。并且，如《短歌行》"邺宫梁苑徒有名"与《游山慕仙诗》"名宾害心实"等诗句所吟咏的，二者利用佛教无常思想来否定人间仙境徒有虚名的构思也高度一致。看到诗僧皎然基于佛教立场形成的"人世—邺宫梁苑—金仙侣"这一阶段性层层递进式的构思，同为诗僧的空海定然深受触

---

　　① 　波户冈旭. 论空海作《游山慕仙诗》——对用典出处的考察 [J]. 国学院杂志，1976（77-8）：52.

动。由此可见，皎然的《短歌行》为空海游仙诗的重构与超越提供了构思等方面的启发。

正如井实所述，空海"对宫廷式价值观的批判，采用的方法是，作为到达真言密教世界的目的论体系中的一个阶段将其相对化"①。但空海的这一推理方法，如果没有入唐的经历，就不会与皎然的诗作《短歌行》邂逅，以佛教无常思想超越《文选》游仙诗的《游山慕仙诗》也就不会问世。

以上，对试图从佛教立场超越《文选》游仙诗的空海《游山慕仙诗》进行了考察。在分析空海诗作时，首先，通过对《聋瞽指归》《三教指归》《文镜秘府论》的分析明确了空海的文学观；其次，阐明了《文选》游仙诗的隐逸主旨及二重结构，进而分析了《游山慕仙诗》的内容和结构；最后，考察了空海诗与中唐诗僧皎然《短歌行》之间的联系。

以往的游仙诗，多以神仙思想为基础，且止步于"俗界—小仙界"的二重结构。而空海的《游山慕仙诗》立足于佛教思想，将对官场的厌恶纳入俗世的烦恼，并对试图超越俗界烦恼与无常的小仙界在一定程度上予以肯定，进而以佛教思想将其超越性相对化，最终倡导人们皈依佛门。空海利用"俗界—小仙界—大仙界"三重结构的构思，成功实现了对《文选》等以往游仙诗的重构与超越。然而不容忽视的是，在空海成功的背后，是空海入唐后得以形成的以文学为传教手段的文学观，"大圣""大仙"等用语所代表的佛教主导的三教论，以及因邂逅皎然《短歌行》而获得的构思启示，

---

① 井实充史．空海诗赋的方法——《道》《俗》对立及与《俗》的对抗［J］．言文，2006（53）：31.

这些都对空海《游山慕仙诗》的创作产生了极大的影响。可以说，空海的《游山慕仙诗》正是其《三教指归》所阐释的佛教主导的三教论在文学创作实践中的具体表现。

第三节　从劝学会庆滋保胤到"歌僧"西行
——诗歌与佛教的结合

随着佛教在中国本土化的不断深入，净土教、禅宗逐渐兴起，文人与佛教的联系也日趋紧密。这一时代动向在白居易闲适诗中所吟咏的"中隐"与佛教两个侧面得以充分体现。之所以关注白诗，尤其是闲适诗，是因为其内容兼具"佛""隐"两方面。白居易的所谓"中隐"，是置身官场的同时追求精神上的自由，主要基于其兼顾"官"与"隐"的半官半隐的处世态度。白居易的信仰世界，向往的是净名居士所代表的半僧半俗的修行生活，同样显示了其折中态度。中隐思想的前提是出仕，因此引起了众多文人官僚的共鸣与尝试。随着白诗的大量传入，白居易所提倡的"中隐"也被日本文人官僚所熟知。尤其在摄政期，随着摄关政治的强化及学阀的形成，中下级贵族的文人官僚中，逐渐涌现出因政治理想受挫、怀才不遇，进而皈依佛门的文人出家者。在他们的诗文中，时而憧憬白居易闲适诗中描写的悠然自得的"中隐"生活，时而向佛教世界寻求心灵的救济。仿佛彷徨于空海诗文中呈现的俗界、小仙界、大仙界之间。汉学者出身，之后弃官从佛的庆滋保胤便是其中的典型代表之一。

一、庆滋保胤与劝学会"法之道""文之道"的结合

庆滋保胤为阴阳师贺茂忠行之子，致力于纪传道，师从菅原文时，活跃于文坛。然而仕途不顺，最高官职止于从五位下内记。宽和二年（986 年）出家，法号寂心。

下面，以庆滋保胤主办劝学会时的文学活动为中心，主要通过其劝学会相关诗文考察庆滋保胤的文学观。

有关劝学会的性质及概要，作为参与者之一的源为宪，曾在《三宝绘》（下卷·十四）"比睿山坂本劝学会"条目中，对康保元年（964 年）三月，在比睿山西坂本举行的首次劝学会记录如下：

> 愿与僧结契，诣寺行会。定暮春末秋之望于其日，讲经、念佛为其勤。今世、后世永为友，法之道、文之道，互相劝进。

由上可知，大学北堂学生（翰林书生）与比睿山学僧，为了"法之道""文之道"的相互促进，创办了劝学会，规定每年具体活动内容为法华讲读，阿弥陀念佛，并以经中的一句为题举办诗会。活动内容中有两点值得注意。其一，举办赞佛诗会。据记载："十五日，朝讲法华经，夕念弥陀佛，尔后，至拂晓迄，赞佛赞法，置其诗于寺内。"对劝学会而言，法华讲读，阿弥陀念佛，这些都是符合念佛结社宗旨的活动，而赞佛诗会也成为必不可少的环节之一，从中可见大学北堂学生想要兼顾"法之道"与"文之道"的意图。其二，对白居易诗文的导入。例如，十四日傍晚，大学北堂学生一边诵读白居易诗文一边奔赴寺院，并在十五日诗会之后，唱诵"愿以今生世俗文字之业，狂言绮语之误，翻为当来世世赞佛乘之因，转法轮之缘也"（《白氏文集》卷七十·《香山寺白氏洛中集记》3608）等白居易的偈文、诗句。对于有志于净土教信仰的文人而言，"文之道"的"文"已经超越了单纯文学的范围，具有特殊的意义。

首先，在《本朝文粹》（卷十·法会）所收诗序《五言暮秋劝学会于禅林寺听讲法华经同赋聚沙为佛塔》中，保胤在对劝学会"结缘植因、盛哉大哉"进行高度评价后，有如下阐述：

> 方今令一切众生，入诸佛知见，莫先于法华经。故起心合掌，讲其句偈。减无量罪障，生极乐世界，莫胜于弥陀仏。故开口扬声，唱其名号。凡知此会者，谓为见佛闻法之张本，轻此会者，恐为风月诗酒之乐游。

此处，与源为宪《三宝绘》中劝学会相关记录类似，同样强调了劝学会天台法华思想与净土教思想相互融合的特点。据吉原浩人缜密的诗序译注及表现特色的分析，"凡知此会者，谓为见佛闻法之张本，轻此会者，恐为风月诗酒之乐游"部分，的确是参照白居易诗文所作。① 例如，"见佛闻法之张本"中的"张本"一词，可见于白居易《六赞偈》序（收入《白氏文集》卷七十·3611）中。

---

① 吉原浩人. 庆滋保胤劝学会诗序考——以与白居易的关联为中心［M］//吉原浩人，王勇，等. 飘洋过海的天台文化. 东京：勉诚出版，2008.

乐天常有愿，愿以今生世俗文笔之因，翻为来世赞佛乘转法轮之缘也。今年登七十，老矣病矣，与来世相去甚迩，故作六偈，跪唱于佛法僧前，欲以起因发缘，为来世张本也。

而且，"风月诗酒之乐游"中的"风月""诗酒"也是白诗常用的诗语。例如，白居易在江州左迁时期，曾有如下诗作：

《闲吟》（《白氏文集》卷第十六·律诗·1004）
自从苦学空门法，销尽平生种种心。
唯有诗魔降未得，每逢风月一闲吟。

《醉吟》其二（《白氏文集》卷第十七·律诗·1065）
两鬓千茎新似雪，十分一盏欲如泥。
酒狂又引诗魔发，日午悲吟到日西。

由"风月"一词，可联想到与此相关的"诗魔"，因此"风月"也可视为包含在"诗酒"中"诗"的范畴之内。对于官场失意的白居易而言，"诗酒"是排遣不遇之苦的手段，是脱俗的象征。同时，"酒"作为佛教的禁忌自不必说，"诗"同样如白居易本愿中"世俗文字""狂言绮语"所说，是妨碍佛道修行之物。"风月""诗酒"既是脱离官场、超越世俗的象征，又是佛道修行的障碍，白居易为了化解诗歌吟咏中的这对矛盾，反复阐述其"狂言绮语观"。除了源为宪《三宝绘》"比睿山坂本劝学会"条目中引用的《香山寺白氏洛中集记》（《白氏文集》卷七十·3608·开成五年

〈840〉作）、"张本"的出典《六赞偈》序（《白氏文集》卷七十·3611）之外，在《苏州南禅院白氏文集记》（《白氏文集》卷六十一·2955）中，也有"且有本愿，愿以今生世俗文字、放言绮语之因，转为将来世世赞仏乘、转法轮之缘也"等类似表述。在同期诗文中反复出现"狂言绮语观"的相关表述，反映了白居易本愿的迫切程度。既坚持文人本分的诗文创作，又发挥自身的文才致力于赞佛的释教诗，并将其转化为与佛法结缘之因，从中可以领会出白居易想要使佛道与文学深入融合的意图。有关"狂言绮语观"，柳井滋在《关于狂言绮语观——从白乐天到保胤的折射》①　一文中指出："其狂言绮语观并非从佛教的立场否定文学。而是基于业感缘起的思想，从文学的立场接近佛教。而且，狂言绮语观是由白乐天的本愿导出的，具有将文学作为狂言绮语来反省、和通过赞佛来积极利用文学等两个方面。"换言之，"狂言绮语观"的核心，是要将文学创作由佛道的障碍转化为求道的方便，这对于有志于佛道的文人来说，是再好不过的文学观了。

　　保胤的诗序中始终都没有提及白居易的本愿。但"张本""风月""诗酒"，每个词都使人联想到"狂言绮语观"。保胤如此在意白氏的本愿来作诗序，目的是想利用"狂言绮语观"将"法之道"与"文之道"相结合的一面，来化解"见佛闻法之张本"与"风月诗酒之乐游"之间的矛盾。即庆滋保胤通过导入白居易这一媒介，打通了"法之道——狂言绮语观——文之道"的路径。接下来依据《法华经》方便品的一偈所作"聚沙为佛塔"的诗赋内容，

---

① 柳井滋. 关于狂言绮语观——从白乐天到保胤的折射 [J]. 国语与国文学，1962（39－4）：23－34.

如吉原所述，暗示了"连童子游戏都能成佛，即便劝学会是风月诗酒之游乐，按照白居易所说，这些错误也会转化为菩提的种子"①。可以说，白居易对待文学的方法，被以庆滋保胤为代表的劝学会会众付诸实践。

保胤不仅参加了劝学会，还参加了当时相继举办的极乐会、供花会等。在被推选为供花会唱首时所作诗序"暮春于六波罗蜜寺供花会听讲法华经同赋一称南无佛"（《本朝文粹》卷十·法会·276）中，也可见同样的文学观。

> 当此时也，缁素相语曰，世有劝学会，又有极乐会。讲经之后，以诗而赞佛。今此供花之会，何无叹佛之文哉。满座许诺，谁人问然。便以经中一称南无佛一句，抽为题目。（中略）身暂虽在柱下，心尚如住山中。少壮之年，愁咏一事一物，强求名闻，衰暮之日，或记芜词狂句，将摄菩提。

供花会与劝学会相同，也是以《法华经》中的一句为诗题举行赞佛的诗会。其中，"或记芜词狂句，将摄菩提"部分，同样受到白居易"狂言绮语观"中借文学作为求道方便的影响。然而，如诗序中"身暂虽在柱下，心尚如住山中"所述，参加劝学会时期的保胤，同时也活跃于官场。之后，庆滋保胤从以参加劝学会为中心的

---

① 吉原浩人. 庆滋保胤劝学会诗序考——以与白居易的关联为中心［M］//吉原浩人，王勇，等. 漂洋过海的天台文化. 东京：勉诚出版，2008：269.

实践期逐渐转入以著述为中心的内省期，[①] 相继执笔完成了《池亭记》《日本往生极乐记》等作品。而编纂完日本最早的往生传《日本往生极乐记》之后不久，保胤便在宽和二年（986 年）辞官出家，并脱离了劝学会。而保胤佛教信仰的深化，从其出家前所作《劝学院佛名回文》（《本朝文粹》卷第十三·回文·399）表现的诗观变化中早有显现。

> 况复春苑鸣砚，以花称雪，秋篱染笔，反菊号金。妄语之咎难逃，绮语之过何避。诚虽乐游宴于下土之性，尚恐遗罪累于上天之眸。是故卷书帷而礼佛，扫文场而迎僧。先生有余之罪，愿消礼拜之头，今生无量之福，愿开忏悔之掌。

从劝学会诗序所表现的基于白居易"狂言绮语观"的诗歌肯定，骤然转变为"妄语之咎难逃，绮语之过何避"的诗歌否定，并试图通过"礼佛""迎僧""忏悔"来消除狂言绮语之罪，以获得"无量之福"。可见保胤文学观的变化之大。出家后的保胤随即断笔，不再从事文学创作。"法之道"与"文之道"的矛盾，在出家后的庆滋保胤身上，尚没有得到真正的解决。

---

① 依据山田昭全（山田昭全. 狂言绮语观的两个侧面——庆滋保胤诗观的变迁与天台教学的关联［J］. 丰山学报，1959（5）：130 - 131.）和平林盛得（平林盛得. 庆滋保胤与净土思想［M］. 东京：吉川弘文馆，2001：10 - 11.）的著述，庆滋保胤一生主要分为主办劝学会时期、著述时期及出家生活时期三个时期。

二、和歌与佛道的融合

进入院政期，出现了大原三寂、俊惠、登莲、西行、长明等众多"歌僧"。如何消除和歌与佛道之间的矛盾，成为"歌僧"需要一致面对的问题。该问题的解决，与院政期"狂言绮语观"的深入展开密切相关。三角洋一在《论所谓的狂言绮语观》①一文中，从和歌史上数奇者的辈出、思想史上本觉思想的发展以及倡导艺术与佛道相通的诸道思想的产生等三个方面，考察了院政期"狂言绮语观"的展开。以下，在三角研究的基础上，主要从歌学者创立歌道、"歌僧"从佛教的立场肯定和歌，这两个方面的动向探讨和歌与佛道的融合问题。

一方面，在歌坛方面的动向，据藤原有国的《赞法华经廿八品和歌序》（《本朝文粹》卷十一·349），长保三年（1001年），在藤原道长主办的追善供养仪式上，举行了类似劝学会诗会的法华经二十八品歌的歌会。并且，释教歌作为和歌的专门类别也纷纷出现在敕撰和歌集《后拾遗和歌集》、源俊赖的私家集《散木奇歌集》中。在此背景下，歌学书《袋草纸》（藤原清辅著，1157年前后成书）上卷·杂谈中出现了有关僧人源信的一则逸闻。

惠心僧都，因和歌为狂言绮语而不作。于惠心院眺望黎明时的湖水，看到湖面的行舟，想起有人吟咏的和歌"划船远去后，只留白波荡"，十分欣喜，认为和歌也可成为有助于彻悟

---

① 三角洋一. 论所谓的狂言绮语观［M］//三角洋一. 源氏物语和天台净土教（中古文学研究丛书1）. 东京：若草书房，1996.

的因缘，自此又作和歌。之后作了（法华经）二十八品及
（净土）十乐等相关和歌。

随着保胤佛教信仰的深入，其诗观从劝学会时期的诗歌肯定，
转变为"妄语之咎难逃、绮语之过何避"的诗歌否定。然而，上面
的这则说话中，原本因和歌为狂言绮语而不作歌的源信，即保胤出
家的师父，却反将和歌看作有助于彻悟的因缘，又开始作和歌。这
一相悖的变化究竟是否是事实，值得怀疑。从这则和歌说话出自歌
学者藤原清辅之手，至少可以看出一位歌人希望佛教信仰者能够接
纳和歌的愿望。

同样据《袋草纸》载："和歌自古本无师。而能因始以长能
（伊贺手也）为师。"能因十几岁入门藤原长能，正式结为师徒关
系，模仿的是大学的学生到博士的门下正式入门的形式①，其意义
深远。从中可以觉察出歌道形成的端绪。而更加明确地表现出歌道
意识的，是藤原俊成所著歌论书《古来风体抄》②（初撰本，建久
八年成书）。其序文中记述了俊成对于和歌与佛道关系的看法。首
先，俊成指出："彼为法文金口之深义也。此虽似浮言绮语之戏，
其深旨亦显，以此为缘亦可通佛道。"即俊成认为，与深奥的佛理
相同，和歌虽然看似狂言绮语的戏言，但以其深奥意义为缘，也是
可以与佛道相关联的。其次，俊成援引《法华经》《观普贤菩萨行

---

① 犬养廉. 能因法师研究（二）——青年期周边［J］. 国语国文研究，1966
（35）：33 – 45.
② 《古来风躰抄》的原文引自桥本不美男等校注·译. 歌论书（新编日本古典文
学全集87）［M］. 东京：小学馆，2002.

法经》的教理，强调歌道与佛道是相通的。最后，他倡导以和歌之
奥妙领悟佛道、为赞佛而咏歌、结极乐往生之缘，即通过咏歌而结
缘佛道。俊成的思路是将和歌的奥妙提升到歌道的层次，并以此为
缘与佛道的彻悟相联系，进而打通从歌道到佛道的路径。以上，概
述了俊成从和歌吟咏的角度阐释和歌与佛道关系的观点。俊成之所
以强调咏歌与佛道的关系，恐怕是为了创建咏歌世家而有意将咏歌
比拟成佛道。① 由《古来风体抄》的序文可知，在藤原俊成前后，
将和歌视为有助于彻悟佛道的因缘的歌道意识已经形成。

　　另一方面，有关和歌与佛道的关系，还出现了从佛教的角度肯
定和歌的"歌僧"。喜好和歌的云居寺天台僧瞻西（生年不详—
1127 年）于嘉承元年（1106 年）9 月 13 日，托藤原基俊执笔作
"云居寺圣人忏狂言绮语和歌序"（《本朝文集》卷五十五）。其中
可见基于白居易"狂言绮语观"的论述。

　　　　予止观之余，坐禅之隙，时时有和歌之口号，春朝戏指花
　　称云，秋月哢仮月云雪，麁言之咎难避，绮语之过何为，仍图
　　彼菩萨之像，写此经典之文，向像讲经，礼经谢罪，请以一生
　　之中狂言，翻为三菩提之因缘而已。

　　简言之，就是要通过天台宗的法华忏法，将和歌作为狂言绮语
进行忏悔、谢罪，同时将其转为菩提的因缘。而后，援用天台本觉
论的推理方法，将和歌本身视为赞佛乘、转法轮之语的观点，也出

----

① 三角洋一．论所谓的狂言绮语观［M］//三角洋一．源氏物语和天台净土教
　　（中古文学研究丛书 1）．东京：若草书房，1996：303.

现在天台僧澄宪（1126—1203 年）所作"和歌政所一品经供养表白"①（1166 年作）中的"不改和歌之风，即寻菩提之月思食者也。（中略）传闻，麁言奘语，皆归第一义谛风"，以及《今镜》《梁尘秘抄》等院政期的著述中。即便如此，从"麁言之咎难避，绮语之过何为""麁言奘语"等表述中可以看出，院政期的和歌观并没有舍弃"狂言绮语观"中文艺否定的一面。②

以上，考察了和歌与佛道相互融合的动向。从歌学者的角度来看，为了实现咏歌的专业化、歌学的理论化、创立和歌世家，必须树立新的歌论。由此，出现了将和歌与佛道相结合，进而使歌学提升为歌道的动向。另一方面，从"歌僧"的角度来看，如何化解和歌与佛道之间的矛盾便成为亟待解决的问题。由此，涌现了借用天台本觉论推理方法等佛教经典、利用"狂言绮语观"使咏歌合理化的大量言论。在上述和歌与佛道趋于融合的背景下，"歌僧"西行的和歌观逐渐酝酿成形。

三、"歌僧"西行及其和歌观

西行（1118—1190 年）俗名佐藤义清，曾是鸟羽院下北面的武士。保延六年（1140 年）十月十五日，即西行 23 岁时辞去兵卫

---

① 大曾根章介．《澄宪作文集》（翻刻）［M］//秋山虔．中世文学研究．东京：东京大学出版会，1972：428. 澄宪是最早使用天台本觉论论法弘扬和歌的，对后世产生了极大的影响，对此三角洋一在《源氏物语和天台净土教》（三角洋一．源氏物语和天台净土教（中古文学研究丛书 1）［M］．东京：若草书房，1996.）一书中已有所论及。

② 山田昭全指出，"狂言绮语观"中包含了文艺肯定与否定两个相互矛盾的方面。详见山田昭全．狂言绮语观的两个侧面——庆滋保胤诗观的变迁与天台教学的关联［J］．丰山学报，1959（5）：130.

尉的官职出家。出家50年中，近30年都以高野山为据点进行正式的修行。并开展寺社参诣、诸国遍历等劝进活动。同时，如后鸟羽院所称赞的"天生的歌人"（《御口传》），西行作为和歌史上的巨人，有私家集《山家集》等大量的作品传世，在歌坛开拓了崭新的歌风。借用唐木顺三的评语，游离于正统的宫廷歌坛之外的西行，可谓"歌圣"。① 西行既是歌人，又是僧侣。对于"歌僧"典型代表的西行而言，和歌与佛道究竟有何联系？下面将通过《山家集》的作品对西行的咏歌进行具体探讨。

出家后的西行心境如何呢？一句"俗世似舍犹未舍，心地犹未离京城"②（1417）率直地吐露了当时的心声。据推测该作品是西行出家后不久所作。"俗世似舍犹未舍"一句体现了西行虽然身已离开都城，心却难以舍弃俗世的内省。为了修行而周游各地时在旅途吟咏的和歌作品中，充满了西行对风花雪月的爱恋。如第74首中的"恨无佛祖分身术，一日看尽万山花"③，表达了像佛祖分身那样，使出分身之术看尽漫山遍野的樱花的愿望；第77首中的"物化阳春如释尊，望月在天花下殒"，表达了想要在春天开放的樱花下辞世的愿望，显示了西行对樱花的喜爱程度非比寻常。而同时，西行在和歌作品中还吐露了对恋花心境的不安。如第76首中的"世间一切皆抛弃，为何独存爱花心？"指出沉溺于樱花之美是

---

① 唐木顺三. 中世的文学［M］. 东京：筑摩书房，1966：14.
② 本书所引《山家集》和歌译文均参照王贺英. 日本隐逸精神的不朽歌魂：西行法师研究［M］. 北京：中国社会科学出版社，2016.
③ 第74首和歌王贺英原译文为"恨无仙人分身术，一日看尽万山花"，笔者以为"仙人"译作"佛祖"更为妥当。参见王贺英. 日本隐逸精神的不朽歌魂：西行法师研究［M］. 北京：中国社会科学出版社，2016：94.

与佛道相悖的，表达了西行内心的矛盾和深刻的反省。西行贪恋樱花之心，与白居易《闲吟》"自从苦学空门法，销尽平生种种心。唯有诗魔降未得，每逢风月一闲吟"（《白氏文集》卷第十六·律诗·1004）中的"诗魔"相同，虽然是佛教修行的障碍，却都难以割舍。这可谓同为文人而有志于佛道之人的共同点。

就连歌咏明月等宗教性题材时，西行心中也因不断迷恋而产生了不安。如第367首"望月缘何心内苦？祈盼秋月更澄明"，歌人仅仅凝望夜空心里就感觉痛苦，可见秋月的澄明已成为苦恼之源。然而，随着西行佛教信仰的深入，其咏歌姿态也发生了变化，先后作出《法华经二十八品歌》《六道歌》《十乐歌》等众多释教歌。饶有兴味的是，花、月甚至作为释教歌的素材频频出现。

观心

驱除黑暗心月澄，真如之月西山倾。（876）

鹫山之思空念远，真如之月在我心。（888）

无量义经 三首（其二）

山樱花蕾罩春霞，法华之花不日发。（1537）

千手经 三首（其一）

难待花开罪恶身，祈盼佛念不朽根。（1539）

如将明月比喻成彻悟之心、佛祖（第876首、第888首），将花开比喻成修成正果（第1537首、第1539首），等等。有关西行的《法华经二十八品歌》的创作时间，山田昭全指出，最早也是在西行入高野山几年之后，在其对真言密教有深刻觉悟之后。① 西行于久安五年（1149 年）前后进入高野山，其后在高野山度过了长达 30 年的修行生活。随着佛教信仰的深化，西行逐渐摆脱风花雪月，向佛道倾斜。由此，西行观察自然的角度乃至咏歌姿态都在潜移默化中发生了变化。这些变化显著体现在《栂尾明惠上人传记》② 所载西行歌论中。

> 此歌即是如来之真形体也，然咏出一首而成造一体尊像之思，常思一句则同唱秘密之真言，云云。

上述歌论是否确为西行所言，学界说法不一。③ 作为近年的研究，平野多惠在《〈明惠上人传记〉的"西行歌话"——〈传记〉编者的增补》中，对《传记》的诸版本进行了探讨，得出和歌即真言、和歌即佛像的和歌观为后人增补的结论，并指出增补部分，反映了《沙石集》《三五记》成书的镰仓时代后期至南北朝时期的和歌观。④ 并且，平野进一步阐述："在中世广泛传播的和歌即真

---

① 山田昭全. 西行和歌与佛教［M］. 东京：明治书院，1987：121.

② 《栂尾明惠上人传记》原文引自高山寺典籍文书综合调查团. 明惠上人资料 第一［M］. 东京：东京大学出版会，1971.

③ 例如：洼田章一郎. 西行研究［M］. 东京：东京堂，1961；目崎德卫. 西行思想史研究［M］. 东京：吉川弘文馆，1978；山田昭全. 西行和歌与佛教［M］. 东京：明治书院，1987；等都持肯定态度。而久保田淳. 中世和歌史研究［M］. 东京：明治书院，1993；高木清子. 西行的宗教世界［M］. 东京：大明堂，1989；等则持怀疑态度。

④ 平野多惠. 明惠——和歌与佛教的相克［M］. 东京：笠间书院，2011：178 - 195.

言观，依据狂言绮语观来阐述和歌，注定会得出和歌与佛道相互结合的结论。这一和歌即真言观，与其说是出自西行自身，不如说是中世这一时代借西行之口讲述的和歌观。"① 平野的论述极富启发性。姑且不谈《栂尾明惠上人传记》所载西行歌论的真伪，但就此歌论本身而言，其在和歌史中所处的位置也是极为重要的。上述引用部分如字面所述，概括起来就是和歌即佛像、和歌即真言的和歌观。和歌不仅没有被否定为狂言绮语，咏歌本身反而被视为与佛道修行等同的行为，和歌即被视为真言。从镰仓时代后期至南北朝时期的和歌观，无须先行歌论中白居易"狂言绮语观"的介入，和歌与佛道已融为一体。"狂言绮语观"所呈现的"汉诗——转——佛道"的"转"的阶段已被省略，取而代之的是和歌即真言、和歌即佛像观中的"和歌——即——佛道"。在文学体裁由诗到歌的转变过程中，文学创作与佛道之间的关系也随之发生了变化。假托西行的和歌即真言、和歌即佛像观中，白居易"狂言绮语观"的消失并非意味着"狂言绮语观"的衰退，而恰恰体现了"狂言绮语观"的日本化。

第四节　日本佛教说话中的"数奇者"形象

由第三节的考察可知，和歌与佛道的关系，尤其是到了院政期这一历史过渡期，变得更加紧密。而不仅仅是和歌，管弦等艺术同

---

① 平野多惠. 明惠——和歌与佛教的相克［M］. 东京：笠间书院，2011：194.

样如此。本节将围绕日本佛教说话中投身文学艺术世界的"数奇者"形象进行考察。

一、关于"数奇"

"数奇"（日语发音 suki）一词，源自其动词原型（日语发音 suku），多用作好色之意。[①] 有关"数奇"的用语史，西村亨在"数奇——好色的下层构造"一文中，列举了大量用例进行考察，指出"数奇以对事物的执着为最基本的含义，尤其在涉及男女关系以外的方面，其词义变为真诚、热情，易于向值得称赞的词义拓展"[②]。即数奇以对事物深深的不舍、迷恋为基本含义，根据迷恋对象的不同，大体可划分为两种意思。其中，专心致力于歌道、艺道，成为风流、风雅的代名词的数奇含有赞赏的语气。另外，"时常颠覆世俗的价值观，带有游走于'无用'世界的反社会侧面，具有与后世所谓'疯狂'精神相通的一面"[③]。本书中的"数奇"，特指通过和歌、管弦等活动来超越世俗，以提升精神境界，即文艺活动的超俗性。

然而，有关"数奇"这一汉字表记的由来，学界尚无定论。白居易曾在《序洛诗》（《白氏文集》卷六十一·2942）序"世所谓文士多数奇，诗人尤命薄，于斯见矣"中，将文人视为数奇命薄之士。笔者认为，"数奇"的汉字表记与此白诗序有一定的关联。从

---

① "suki"的汉字表记有"好""数奇""数寄"等多种形式，本书暂且使用"数奇"作表记。

② 西村亨. 新考王朝恋歌研究［M］. 东京：樱枫社，1994：19 – 20.

③ 松村雄二. 关于数寄的笔记——以和歌的数寄说话为中心［J］. 共立女子短期大学文科纪要，1988（32）：51.

白诗序的用例可知，数奇的本义是不幸。查阅日本汉诗文中的"数奇"用例，可见《本朝文粹》（卷六·150）橘直干的《申民部大辅状》中载：

> 方今计学海之险难，如涉百万里之波涛，瞻吏途之荣耀，不及五六重之倍从。瓢箪屡空，草滋颜渊之巷，蒺藜深锁，雨湿原宪之枢者也。昔者不改其乐，今则难堪其忧。固知儒业之拙，惣是数奇之源也。若深其道者，必受其饥焉。

此处的用例符合"数奇"的本义，但与白诗序有无关联难以判断。此外，《本朝无题诗》中也有两个"数奇"用例。

《玩花》卷二·藤原茂明
……
梅落沙庭埋客路，柳垂池岸系孤舟。
龄衰虽耻数奇性，宿习未抛乘兴游。

《云林院花下言志》卷三·大江佐国
春光渐暮寂寥时，邂逅引朋入古祠。
一道寺深花簇雪，数奇命薄鬓垂丝。
耳饶林底传歌鸟，身类泥中曳尾龟。
遮莫人生都□是，不如酌酒又言诗。

包含"数奇"的两句"龄衰虽耻数奇性""数奇命薄鬓垂丝"，

全都是感叹衰老和不幸，尤其是后者"数奇命薄"的表述，显然依据的是白诗序中的"数奇命薄之士"。从作品成书的年代来看，《本朝文粹》成书于 1060 年前后，《本朝无题诗》成书于 1162 年至 1164 年。经过近一个世纪的漫长岁月，日本汉诗文作品中出现的白诗语"数奇"一词，并未发生明显的词义变化，表明诗人不幸在当时的文人之间已成为共识。除了《序洛诗》，白居易在《与元九书》中以"况诗人多蹇"，同样阐述了诗人的不幸。而之后，白居易却话锋一转，叙述了其诗兴大发，成为一味沉浸于诗歌吟咏的"诗魔"的情形。

> 知我者以为诗仙，不知我者以为诗魔。何则？劳心灵，役声气，连朝接夕，不自知其苦。非魔而何？偶同人当美景，或花时宴罢，或月夜酒酣，一咏一吟，不知老之将至。虽骖鸾鹤游蓬、瀛者之适，无以加于此焉。又非仙而何？微之，微之！此吾所以与足下外形骸，脱踪迹，傲轩鼎，轻人寰者，又以此也。①

正如"外形骸、脱踪迹、傲轩鼎、轻人寰者，又以此也"所述，白居易变身"诗魔"的目的，是为了超越世俗。虽然怀有"数奇"这一诗人不幸的自我意识，但为了从中摆脱并超越，故意伪装成"诗魔"。这可谓是诗人在文学范畴内的隐逸行为。白居易在诗歌吟咏中，经常提到"琴、诗、酒"，并称其为"三友"，以

---

① （唐）白居易. 白居易集笺校［M］. 朱金城，笺校. 上海：上海古籍出版社，1988：2795.

此隔绝与政治世界的联系，创造出属于自己的闲适境界。尤其是白居易任太子宾客分司在洛阳闲居之际，于太和八年（834 年）所作《北窗三友》（《白氏文集》2985），为日本平安时期的诗人所熟知，菅原道真甚至有题为《咏乐天北窗三友诗》（《菅家后集》477）的诗作。如诗中所吟，"琴罢辄举酒，酒罢辄吟诗。三友递相引，循环无已时""三友游甚熟，无日不相随"，白居易终日沉浸在琴、诗、酒的世界中不能自拔。而这些爱好并非白氏独创，正如"岂独吾拙好，古人多若斯。嗜诗有渊明，嗜琴有启期。嗜酒有伯伦，三人皆吾师"所述，模仿的是嗜诗的"隐逸诗人之宗"陶渊明、嗜琴的"三乐"（《列子·天瑞篇》）荣启期、嗜酒的竹林七贤之一刘伶等三人。以此三人为师，显示了其对三位先哲的仰慕之情。白氏为何要以"琴、诗、酒"作为诗歌主题？这与当时激烈的权力斗争、宦官横行官场的政治形势不无关系。白居易凭借被官场视为"无用"的"琴、诗、酒"，创作出远离官场的闲适诗境。这虽然不是正面抨击，但却是一个文人对堕落的官场所做出的一种曲折反抗。本节所要探讨的"数奇者"形象中的"数奇"，与白居易的"诗魔"近似。二者都蕴含着孤高的文人精神，试图在文学世界创造超俗的境界。这种超俗的境界如果借用目崎德卫的表述，可称之为"不同于俗界与佛教界的第三条道路"①。作为"第三条道路"的"数奇"，含有疯狂、非政治性、超俗、孤高等与隐逸相通的诸多要素。可以想见，日本佛教说话中的"数奇者"形象，与中国古

---

① 目崎德卫在《数奇与遁世》一文中指出："至摄关时代末期的能因，数奇已经作为不同于俗界与佛教界的第三条道路确立下来。"（目崎德卫. 数奇与遁世［J］. 风俗，1976（14－4）：40.）

代典籍中的投身"无用"型隐者形象乃至中国古代高僧传中的"诗僧"形象将会有很多相通之处。

二、"数奇者"的先达——能因法师

提到"数奇者"的先达，首先要列举的就是能因法师（988—卒年不详）。能因①，俗名橘永恺，生于永延二年（988 年），其父为肥后守橘元恺。年少时便成为纪传道学生，被称为"肥后进士"，长和二年（1013 年）出家，号"古曾部入道"。有关能因的逸闻，多记载于歌论书《俊赖髓脑》（源俊赖著，12 世纪初成书）、歌学书《袋草纸》（藤原清辅著，1157 年前后成书），以及后代的《十训抄》《古今著闻集》等说话集中。本应走上仕途的"肥后进士"，为何二十几岁就选择了出家之路？有关此问题，目崎德卫从能因出家遁世后毫无刻苦修行的迹象、其私家集中毫无宗教题材，亦无表达宗教信仰的和歌作品等方面判断，"遁世是他摆脱官人秩序的方便"②。这一见解值得倾听。《袋草纸》（上卷·杂谈）中记述的能因数奇说话皆与佛教修行无缘，完全都是和歌相关内容的事实，也印证了目崎的观点。可见，能因的出家与信仰无关，仅仅是为了从官人到专业歌人角色转换的手段。在此，通过《袋草纸》③ 所载的几则逸闻，来具体分析能因的"数奇者"形象。

---

① 有关能因生平，参见《袋草纸》人名索引，收录于藤冈忠美校注．袋草纸（新日本古典文学大系29）［M］．东京：岩波书店，1995.

② 目崎德卫．漂泊——日本思想史的底流［M］．东京：角川书店，1975：145 - 146.

③ 《袋草纸》的原文引自藤冈忠美校注．袋草纸（新日本古典文学大系29）［M］．东京：岩波书店，1995.

一则是与数奇者藤原节信相遇时的逸闻。"长柄之桥"与"井堤之蛙"均为出自《古今和歌集》的著名歌枕。从中可以解读出同为数奇者的两人对歌枕非同寻常的热情与痴迷。在话末评语中，著者清辅言道："今世之人，应称其为呜呼。""呜呼"（日语发音woko）是"痴"的意思，也就是说能因二人的数奇行为已经超越了世俗的常识。①

另一则是有关能因所咏和歌"离京旅途春霞伴，秋风吹过白川关"《后拾遗和歌集》（518）的逸闻。藤原国行去陆奥时，在经过白川关的那天，特意穿戴整齐，以表达对能因法师的敬意。为了将能因塑造成典型的"数奇者"形象，作者甚至不惜加入与事实相反的虚构，谎称能因并没有去陆奥，而是足不出户，偷偷将自己晒黑后，咏出的"秋风吹过白川关"。② 从藤原国行的言行及著者清辅"殊胜之事也"的评语，可见众人对能因数奇行为的敬仰。

能因为何反复上演偏执于和歌的奇行？脱离官场，一味地投入和歌世界的能因，其数奇行为究竟意味着什么？毋庸置疑，摄关家的政治垄断致使中下层贵族的文人官僚遭到排挤，远离政治、文化的中心。他们选择放弃仕途的出家，以及近乎疯狂的数奇，可视为对闭塞的贵族社会的一种反抗行为。而能因的出家，因对和歌的数奇，更平添了许多积极的意义。"数奇"不仅仅是对贵族社会的反

---

① 关于著者藤原清辅的话末评语，目崎德卫曾指出："所谓数奇并非寻常的风雅之心，而是略带疯狂的行为。当事者本人极为认真，而在常人看来却极为愚蠢，是一种反俗的生活方式。"（目崎德卫. 漂泊——日本思想史的底流［M］. 东京：角川书店，1975：144.）

② 据藤冈忠美校注《袋草纸》的脚注，这首和歌在《能因法师集》第101首中明确记载为万寿二年（1025年）能因首次实际奔赴陆奥时所咏。

抗，更是一种创造行为。"数奇"所创造的超越世俗的精神世界，虽然与佛教世界不属同一级别，但却是文人赖以生存的精神寄托。能因一面怀念贵族文化的传统，一面勇敢告别传统，从京都走向地方，从城市走向乡间，寻访和歌中歌咏的名胜古迹，目的在于发现、创造超越世俗价值观的美好新世界。

从上述能因逸闻可见，"数奇者"的行为多是偏执的，甚至有些疯狂，以世俗的价值观是难以理解的。他们通过沉浸于文学艺术的世界来超越官场世俗，从而获得精神世界的丰盈。《袋草纸》所收能因逸闻中，有"加久夜之长带刀节信乃数奇者也"这样一句表述，可视为"数奇"汉字表记的最早用例。① 这一汉字表记，反映了记录者对"数奇者"的重新认识。

三、《发心集》中的"数奇者"形象——以卷六数奇说话群为中心

《发心集》（卷六）的后半部分，集中收录了数则与数奇相关的说话，被称作数奇说话群②，显示出编者鸭长明对"数奇者"的极大兴趣。而在《十训抄》的记述中，"彼庵之中，亦有折琴·琵琶等并列。念佛之闲暇，不忘丝竹之慰藉，数奇之形状，极为优雅"，长明自身也被评价为"数奇"。既是数奇说话的记录者，又被后世评价为"数奇者"，可见长明与"数奇"的关联之深。在

---

① 李贞熹．"suki"概念的展开（第五回日本文化学研究会发表要旨）［J］．语言文化和日本语教育，1993（5）：64–68.

② 有关《发心集》数奇说话群，使用"数奇"一词的四话（卷六的第六至九话）为狭义的数奇说话群，至于其前后的说话，因对是否含有数奇的要素见解各异，所以其范围尚未确定。

《发心集》中，长明是如何把握"数奇"概念，刻画"数奇者"形象的？又是如何实现数奇与佛道的结合的？这些数奇说话寄托了长明怎样的编纂意图？在此，以《发心集》（卷六）中使用"数奇"一词的六至九话，即所谓狭义的数奇说话群，以及唯一排列在数奇说话群以外的卷五、以"数奇"冠名的显基说话为主要研究对象，来考察上述问题。

（一）《发心集》中的"数奇"概念

在《发心集》中，长明对何种出场人物的何种行为，使用"数奇"一词来评价？首先，看一下（卷五·第八话）《中纳言显基出家·笼居之事》。

作为口头禅，常将乐天诗句"古墓何世人，不知姓与名。化为路傍土，年年春草生"挂在口上。是个极度数奇之人，朝夕边弹琵琶，边许愿："无罪却负罪，只愿孤身仰望流放地之月。"

长明称赞显基为"极度数奇之人"。将白诗当作口头禅、朝夕边弹琵琶边咏歌，在长明看来都是属于"数奇"范畴的行为。

其次，（卷六·第七话）《永秀法师数奇之事》中载，永秀"昼夜，吹笛之外别无他事"，一心埋头笛子吹奏练习，除了汉竹所制的笛子别无他求。对此，赖清赞叹道："真乃数奇者也。"之后，永秀"积笛之功，遂成无比之能手"。

而《发心集》（卷六·第八话）《时光·茂光数奇及天听之事》，与其内容类似的说话也可见于历史物语《今镜》（第九）《时光用光唱歌之事》等。主人公时光（生卒年不详）为时延的长男，因善吹笛而闻名于世。这则逸闻主要讲述的是时光与筚篥乐师茂光（《今镜》中为用光）专注于唱歌练习，无视天皇派来的使者。对于专心致力于艺道修习的二人，天皇感动得热泪盈眶："二人实在了得。如此沉醉于音乐，而忘乎所有，令人心生敬意。身处王位不能亲自去听其唱歌。实属遗憾。"说话的内容与《今镜》几乎没有差别，然而与始终关注艺道修习的《今镜》不同，《发心集》在题目中明确将二者的行为命名为"数奇"，并在话末评价道："如此看来，欲忘却今世之事，数奇尤可成为方便。"体现了编者长明更加自觉地导入"数奇"概念，并积极促成"数奇"与佛道相结合的数奇观。此处长明以"数奇"行为的特征，即忘乎所有而专注于事物本身，由此超越世俗价值观为由，来强调"数奇"可以成为佛道修行的方便。从编者长明的评语、分析可见，被评价为"数奇"的说话出场人物自身并没有以佛教修行为目的，而是长明有意识地将"数奇"与佛道建立联系。随着长明"数奇"概念的导入，不仅仅是和歌，管弦也被赋予了佛教意义。

（卷六·第九话）《宝日上人吟咏和歌为修行之事，并莲如参拜赞州崇德院御所之事》，是由几则短小的说话组成，集合了"数奇"的各种具体事例。首先，在宝日上人终日以吟咏和歌为修行的说话中，宝日并不是单纯地咏歌，而是分别在每日早、中、晚的固定时刻吟咏固定的和歌作品，强调了和歌吟咏的勤勉持续性和严格自律性。对于宝日的行为，长明评价道："此修行虽特别，但修心之方法各不相同，勤行亦非仅有一种。"其次，插入源信叹服沙弥满誓所作无常歌的故事，论述了佛教与和歌的联系，并谈到莲如在追善时咏定子所作和歌之事。接着，在源资通（1060 年卒）的数奇说话中记载道："彼人更无寻常后世之勤行。只管每日入持佛堂，边使人计数边弹琵琶曲，以期回向极乐。"描写了资通以一心弹琵琶取代念经来积累功德的情形。并附加评语"所谓精勤之业，有赖于功与志，故凡有所谓，当思未必无益"，开始陈述长明独特的数奇本质论。最后，以记述莲如拜访被流放到赞歧的崇德院的故事作结。

纵观（卷六·第九话），通篇仅仅在记述莲如"彼之数奇圣莲如，本怀深情之心"时，冠以"数奇"的称谓。另外，从通篇反复出现"勤行亦非仅有一种""所谓精勤之业，有赖于功与志"等语句来看，长明关注的是"数奇者"每日的"勤行"。依据长明的观点，"勤行"是多种多样的，并非仅限于念佛的勤行，而且这些勤行绝不会成为徒劳。"朝夕弹琵琶"，咏"流放地之月"的显基，"昼夜，吹笛之外别无他事"的永秀，每日早、中、晚固定时刻吟咏固定和歌的宝日，"边使人计数边弹琵琶曲，以期回向极乐"的资通，这些人的共通之处，就是每日埋头于和歌、管弦的一心一意，即热衷于文学、艺术的"勤行"。这种"勤行"的一心一意，与专心致力于佛教修行的信仰是相通的，因而，能够取代念佛的勤行，成为佛道的方便，往生之业的文学、艺术之"勤行"，即成为长明心中理想的"数奇"。

在（卷六）的末尾，有一段类似跋文的总结性文字：

> 但，诸行因宿执而进。自勤且执，不可谤他行。一花一香，一文一句，若皆回向西方，可同为往生之业。

诸行因前世的因缘而推进，坚持自身的勤行，不应诽谤他人之行，强调要尊重诸行。"一花一香，一文一句，若皆回向西方，可同为往生之业"部分，体现了长明对修行生活多样性的积极肯定。此处的"诸行"，也包括"数奇"这一勤行。也就是说，此部分的总结依据的应是数奇说话群。在《发心集》中，长明将"数奇"看作一种可成为"往生之业"的勤行。对于长明而言，与佛道的联系是"数奇"概念中必不可少的。

（二）长明将"数奇"与佛道结合的方法

强调"数奇"与佛道直接相关，是长明所理解的"数奇"概念的特征。从本章第三节的考察中可知，诗歌与佛道的结合，是通过导入白居易"狂言绮语观"这一媒介得以实现的。那么，长明又是如何实现"数奇"与佛道的结合的？下面，首先从（卷六·第九话）所载长明独特的数奇本质论的分析入手。

　　　　就中有云"数奇"者，不好与人相交，亦不忧己身沉沦，心怜花开花落，思忖月出月入，常事澄心，不令沾染世间俗尘。如此，则生灭道理自显，名利余执当尽。此乃出离解脱之门哉。①

长明将"数奇"的本质领会成"出离解脱之门"，强调的是"数奇"的佛教意义。然而，在数奇本质论的展开中，"数奇"并

---

① 陆晚霞. 日本遁世文学的研究［M］. 北京：人民文学出版社，2013：59.

非单纯指埋头于和歌、管弦的一心一意。在"数奇"与佛道之间，长明通过附加若干要素，使二者的结合更加合乎逻辑。其一，是"不好与人相交"，即不好世俗间的人际交往；其二，是"不忧己身沉沦"，即漠视世俗的名利和权贵；其三，是"心怜花开花落，思忖月出月入"，即崇尚自然、赏玩花鸟风月的风雅之心。利用这些具体要素，到达"常事澄心，不令沾染世间俗尘"，即澄心的精神境界，进而实现"生灭道理自显，名利余执当尽"，即彻悟无常之理、放弃执着名利之心，最终找到"出离解脱之门"。这些要素具有一个共性，即脱离世俗社会的超俗性。此处值得关注的，是长明反复强调的"常事澄心，不令沾染世间俗尘"，也就是"数奇"的"澄心"作用。在《发心集》（卷六·第九话）论及佛教与和歌的关系时，长明指出："和歌乃穷极道理之道，故寄此澄心，观世之无常，可为往生之因。"表明了和歌作为澄心的手段可有助于佛道修行的观点。这不禁令人联想到本书第一章论及的中国古代典籍中的隐者形象之一——投身"无用"型隐者形象。在历代隐逸传中，可见"弹琴以自娱"（《后汉书·逸民列传·梁鸿传》）、"常以琴书自娱"（《晋书·隐逸列传·戴逵传》）、"辄抚弄以寄其意"（《宋书·隐逸列传·陶潜传》）等记述。而竹林七贤之一的嵇康在《琴赋》序中也有如下阐述："可以导养神气，宣和情志，处穷独而不闷者，莫近于音声也。"上述内容均体现了音乐净化心灵、陶冶情操的功能。另外，有关"数奇"所包含的"心怜花开花落，思忖月出月入"，即爱好自然的作用，平安初期诗僧空海曾在《游山慕仙诗》中吟道："日月光空水，风尘无所妨。（中略）定惠澄心海，无缘每汤汤。"肯定了利用山林自然的"澄心"作用，达到远离世俗烦恼、净化心灵的目的。无论是隐者还是僧侣，其目的是一致的，即都是为了净化被世俗污染的心灵，以期达到"澄心"状态。而且，"数奇"的超俗性中还流露出优美、风雅的情趣，这恰恰成为文人所好之处。综上，编者长明将超俗性视为"数奇"的核心，通过"数奇"的作用以实现"澄心"，并摆脱名利的执念以达到出离解脱的心境。与前述西行的咏歌不同，在数奇本质论的阐述过程中，长明并没有表露出沉浸于"数奇"世界的矛盾、不安等心态。

通过以上考察可知，长明是通过凸显"数奇"的超俗性这一方法，来实现"数奇"与佛道的结合的。同样，长明笔下的"数奇者"形象，也具有显著的超俗性。例如，在（卷六·第七话）《永秀法师数奇之事》中，任八幡别当（神官名）的赖清，见永秀生活清贫，便生恻隐之心，想给他提供援助，永秀立即答应。而赖清却又后悔，觉得不该多管闲事，认为永秀一定是想要分得自己的领地。结果永秀仅仅想要一支汉竹所制的笛子。由此，"数奇者"形象的超俗性在与世俗价值观的鲜明对照下显得更加突出。而在卷六第八话《时光、茂光数奇及天听之事》中，时光与茂光二人专注于唱歌练习，全然不顾天皇派来的使者。结果竟然是象征着绝对权力的天皇让步，对于沉浸于音乐世界的二人，天皇不仅宽恕了他们，而且还感动至极，显示了"数奇者"的超俗性。《后汉书·逸民列传》中，也记载了类似不畏王权的隐者形象。

车驾即日幸其馆。光卧不起，帝即其卧所，抚光腹曰："咄咄子陵，不可相助为理邪？"光又眠不应，良久，乃张目熟视，曰："昔唐尧着德，巢父洗耳。士故有志，何至相迫乎！"
帝曰："子陵，我竟不能下汝邪？"于是升舆叹息而去。

　　复引光入，论道旧故，相对累日。帝从容问光曰："朕何
如昔时？"对曰："陛下差增于往。"因共偃卧，光以足加帝腹
上。明日，太史奏客星犯御坐甚急。帝笑曰："朕故人严子陵
共卧耳。"（《后汉书》卷八十三·《严光传》）

　　光武帝亲自请严光辅佐他治理国家，而严光却躺在床上不应，
后来又严词拒绝，光武帝只得叹息而去。当光武帝再次来访，二人
一同睡觉，严光竟然将脚放在光武帝的肚子上，冒犯皇帝。严光最
终还是拒绝了皇帝的任命，一生躬耕不仕，体现了隐者不辱其志、
不畏王权的超俗性。这与沉浸于文学艺术的世界而不顾天皇召见的
"数奇者"的超俗性有共通之处。

　　山本一在《〈发心集〉数奇说话群的思想性》一文中，分析了
卷六中数奇说话群的排列顺序，并指出《发心集》中塑造的"数
奇者"形象具有"批判以利益为中心的世俗价值观的方向性"①。
通过与"以利益为中心的世俗价值观"的反复对比，"数奇者"形
象的超俗性显得尤为突出。"数奇"的超俗性本身与佛道并无关联，
但其超俗性的精神境界与佛道修行是相通的，这正是长明数奇本质
论的推理方式。编者长明不断强调"数奇者"形象的超俗性，其意
图正是要将"数奇"与"佛道"结合在一起。

　　以上，主要围绕《发心集》（卷六）的数奇说话群，通过考察

――――――――――

① 　山本一.《发心集》数寄说话群的思想性［J］.日本文学，1983（32－9）：5.

"数奇"概念的内涵、"数奇"与佛道结合的方法，揭示了长明笔下的"数奇者"形象的特征。首先，长明为了统括和歌管弦，导入了"数奇"的概念，并通过积极肯定修行生活的多样性，将专注于和歌管弦的"数奇"看作一种可成为"往生之业"的勤行。其次，长明强调了"数奇"的超俗性，并通过其"澄心"作用以实现与佛道修行的联系，进而推导出"数奇"即"出离解脱之门"的独特数奇本质论。长明通过理想的"数奇者"形象的塑造，试图摆脱沉迷于和歌管弦的罪障意识。

　　作为中国"诗僧"之源出现在《高僧传》中的支遁、慧远等学僧，因其才学出众多受朝廷权贵的赏识与褒奖，同时，他们敢于谢绝帝命，拒官不仕，也因而更加受到帝王的尊敬、名士的追随。"诗僧"形象在出现之初，便带有"与世异荣"的鲜明反世俗性。中国高僧传"诗僧"形象的书写模式，很快影响到《怀风藻》收录的诗僧传，致使众多拒绝宴会邀请、朝廷嘉奖，辞退僧官等脱俗、反世俗的"诗僧"形象诞生。早期的"诗僧"，不仅为佛教在中日两国的译介与传播做出了重要贡献，也通过自身的言行在民众心中树立了高尚的僧侣形象。另一方面，如何解决诗歌与佛道之间的矛盾，是"诗僧"以及一心向佛的文人所要共同面对的问题。围绕该问题，中唐诗僧皎然与平安初期诗僧空海分别在自身的诗歌创作实践中做出了探索。而白居易的"狂言绮语观"，则是站在文人的立场以诗文接近佛教的一种尝试。随着佛教在日本本土化的推进，文人出家者大量涌现。其中，纪传道出身的庆滋保胤在其主办的劝学会中，以白居易"狂言绮语观"为媒介，实现了"法之道"与"文之道"的结合。而"歌僧"西行在常年修行、咏歌的实践中，不断思索咏歌与佛道的关系，甚至出现了假托西行的和歌即真言、和歌即佛像观。在歌学者与"歌僧"利用"狂言绮语观"不断努力实现和歌与佛道融合的基础上，鸭长明在《发心集》中又导入"数奇"的概念，提出了独特的数奇本质论，赋予管弦佛教的意义。这一过程，可视为白居易"狂言绮语观"的日本化。在此过程中，原本属于投身无用型隐者形象符号的"诗""琴"，分别转变为"和歌""管弦"，并向与佛道结合的方向发展。同时，这一过程亦可视为中国古代"诗僧"形象的日本化。在日本僧传文学中，不仅出现了"诗僧"，而且还出现了"歌僧""数奇者"等日本独特的僧侣形象。

第四章

中日僧传文学中的"闲居僧"形象

通过本书第一章对"闲居""闲居僧"的考察可知,"闲居"本是以陶渊明为代表的归隐田园型隐者形象的理想归宿,后为佛教所借用,成为专心修佛之佳境,并在中国古代僧传文学中,出现了独处山林、寂静习禅的"闲居僧"形象。此类"闲居"形象是如何在日本得以传承,又具有哪些日本独特之处,将是本章所要探讨的问题。

第一节 中国古代的"闲居"形象

如本书第一章第二节所述,"闲居"一词的基本含义是指不问政治、闭关独处的一种状态,多为形容隐者的固定表现。范晔在《后汉书》(卷八十三·逸民列传)的序论(收于《文选》范晔《逸民传论》)中,对隐逸的动机与目的有如下阐述:

> 或隐居以求其志,或回避以全其道,或静己以镇其躁,或

去危以图其安，或垢俗以动其概，或疵物以激其清。

可见当时隐逸之风盛行。隐逸作为时代风尚，使得众多文人士大夫为之倾倒，并固定成为一种处世方式。此时的"闲居"，不仅仅是文人士大夫远离世俗、高尚其事的手段，同时还是他们追求悠然自得、心境恬淡的方法。"闲居"之隐，摆脱了"佯狂"之隐的被迫与无奈，推动隐逸向更加积极、能动的方向发展。下面，通过田园闲居的隐者代表陶渊明以及自称"中隐"的池亭闲居代表白居易的诗文，具体考察中国古代"闲居"形象的特征。

一、陶渊明的田园闲居形象

有关被称为"浔阳三隐"之一的陶渊明，在本书第一章阐述归隐田园型隐者形象时已有所论及，主要依据的是《宋书·隐逸传》。而陶渊明作为"古今隐逸诗人之宗"，不仅其形象是高洁脱俗的，而且其创作的田园隐逸诗文也独具一格，对后世影响深远。例如，《归园田居五首》《归去来兮辞》《九日闲居》等作品，均是以田园闲居为题材的诗篇。陶渊明的诗作中，"闲居"一词经常出现。例如：

《辛丑岁七月赴假还江陵夜行涂口》（《陶渊明集》卷之三）

闲居三十载，遂与尘事冥。

诗书敦宿好，林园无世情。

如何舍此去，遥遥至南荆！

叩枻新秋月，临流别友生。

凉风起将夕，夜景湛虚明。

昭昭天宇阔，皛皛川上平。

怀役不遑寐，中宵尚孤征。

商歌非吾事，依依在耦耕。

投冠旋旧墟，不为好爵萦。

养真衡茅下，庶以善自名。

　　这首诗是陶渊明 37 岁假满后由故乡返回任地江陵途中所作。诗作前两句"闲居三十载，遂与尘事冥。诗书敦宿好，林园无世情"，运用"闲居、尘事""林园、世情"等词语的对偶，形成"闲居"与世俗的鲜明对照。而诗作后两句"投冠旋旧墟，不为好爵萦。养真衡茅下，庶以善自名"，则表达了作者对故乡田园闲居生活的依恋和对世俗官场的厌倦。陶渊明在身处窘境时，在表达对官场生活的厌倦、想要摆脱官场束缚时，往往会使用"闲居"一词，以及与"闲居"近义的"幽居"、与"闲居"相关的"田园"等词。例如《答庞参军并序》（《陶渊明集》卷之一）开头部分的"衡门之下，有琴有书。载弹载咏，爰得我娱。岂无他好，乐是幽居。朝为灌园，夕僵蓬庐"，短短几句，简洁地勾勒出清新脱俗、怡然自得的闲居生活。而在《归去来兮辞》中，陶渊明更加详细地描绘了田园闲居的生活和心境。

　　《归去来兮辞》（《陶渊明集》卷之五）
　　归去来兮，田园将芜胡不归？既自以心为形役，奚惆怅而独悲？悟已往之不谏，知来者之可追；实迷途其未远，觉今是而昨非。舟遥遥以轻飏，风飘飘而吹衣。问征夫以前路，恨晨光之熹微。乃瞻衡宇，载欣载奔。僮仆欢迎，稚子候门。三径就荒，松菊犹存。携幼入室，有酒盈樽。引壶觞以自酌，眄庭柯以怡颜。倚南窗以寄傲，审容膝之易安。园日涉以成趣，门虽设而常关。策扶老以流憩，时矫首而遐观。云无心以出岫，鸟倦飞而知还。景翳翳以将入，抚孤松而盘桓。归去来兮，请息交以绝游。世与我而相违，复驾言兮焉求？悦亲戚之情话，乐琴书以消忧。农人告余以春及，将有事于西畴。或命巾车，或棹孤舟。既窈窕以寻壑，亦崎岖而经丘。木欣欣以向荣，泉涓涓而始流。善万物之得时，感吾生之行休。已矣乎，寓形宇内复几时，曷不委心任去留？胡为乎遑遑兮欲何之？富贵非吾愿，帝乡不可期。怀良辰以孤往，或植杖而耘耔。登东皋以舒啸，临清流而赋诗。聊乘化以归尽，乐夫天命复奚疑。

可见，陶渊明的"闲居"中，有琴书自娱，有美酒自酌，有亲人相伴，有田园可躬耕；而无世事烦扰，无名利纷争，无官场羁绊。辞官回乡、田园闲居的陶渊明，安贫守拙，顺其自然，乐安天命，心境怡然自得。田园诗人陶渊明的"闲居"诗篇，对后世的孟浩然、王维、白居易等众多诗人的作品影响深远。

二、白居易的池亭闲居形象

作为深受陶渊明田园诗影响的诗人之一，白居易（772—846年）曾在元和十年（815年）因越权谏言而被贬为江州司马。作为人生中唯一一次左迁经历，此事给白居易内心带来的激烈挣扎与苦闷自不必说。同时，对其文学创作方面亦带来诸多影响，例如着手自撰诗集的编纂、文学论的确立、庐山草堂的创建、"诗魔"的发现，甚至有生以来初次为自己建造小池。① 以江州左迁为界，白居易的文学发生了质变。白居易在该时期的作品《与元九书》（《白氏文集》卷二十八·1486）中，对自身编纂的文集进行分类，将自认为非常重要的"讽喻诗"和"闲适诗"定义如下：

> 自拾遗来，凡所遇所感，关于美刺兴比者；又自武德至元和，因事立题，题为新乐府者，共一百五十首，谓之讽谕诗。又或退公独处，或移病闲居，知足保和，吟玩性情者一百首，谓之闲适诗。

显而易见，"讽喻诗"继承的是《毛诗大序》中儒家文学观的正统。而被定义为"或退公独处，或移病闲居，知足保和，吟玩性情"的"闲适诗"的性质，则与《与元九书》占用大半篇幅表达的对采诗官废止、六义缺失的哀叹，对诗道复兴的愿望相悖。"退公"即离开官场，将"独处""闲居"等私人的世界纳入自己的文学视野，并作为文集的重要组成部分之一命名为"闲适诗"，这在文学史中尚无先例，可谓白居易之创举。但从内容来看，"闲适诗"的源流恰恰是《与元九书》"以康乐之奥博，多溺于山水；以渊明之高古，偏放于田园"中批判的谢灵运山水诗、陶渊明田园诗为代

---

① 埴田重夫. 白居易研究——闲适之诗想［M］. 东京：汲古书院，2006：303.

表的隐逸文学。

白居易好咏"闲居"，其《白氏文集》中，如《昭国闲居》《长安闲居》《闲居》等以"闲居"命名的诗作，累计达十七首之多。他在《池上竹下作》（《白氏文集》卷五十三·2393）中咏道：

> 《池上竹下作》
> 穿篱绕舍碧逶迤，十亩闲居半是池。
> 食饱窗间新睡后，脚轻林下独行时。
> 水能性淡为吾友，竹解心虚即我师。
> 何必悠悠人世上，劳心费目觅亲知。

逃离俗世的纷扰，来到自家闲居的小池，以池中的流水为友，以池边的青竹为师，如此悠然自得的"闲居"生活，远胜于"劳心费目"的"人世"。

> 《长安闲居》（《白氏文集》卷十三·665）
> 风竹松烟昼掩关，意中长似在深山。
> 无人不怪长安住，何独朝朝暮暮闲。

这一首是歌咏在长安闲居的作品。与在山林、田园等闲静之处闲居的隐者不同，白居易以身处都城闹市却能独享闲情雅致而自喜。然而，不同于辞官归田的陶渊明，白居易并未脱离官场、抛弃名利，而是身在朝廷、心向自然，在精神层面享受自由的"闲居"生活。白居易将这种兼顾隐逸与出仕的处世观自称为"中隐"，并在《中隐》(《白氏文集》卷五十二·2277)等诗作中反复阐释。如前所述,白居易将这些诗作归类于"闲适诗",并明确规定了"闲适"的概念,其中,"退公独处""移病闲居"对应的是"闲","知足保和""吟玩性情"对应的是"适"。正如埋田重夫所述,对于白居易而言,"闲适"一词,"与其看作脱离公共的立场,不如视为意味着私人时空的价值概念"[①]。如"渐老渐谙闲气味,终身不拟作忙人"(《白氏文集》卷十七·1042)、"似出复似处,非忙亦非闲"(《白氏文集》卷五十二·2277)等诗句中所述,白诗中的"闲",常常与"忙"相提并论。对"忙"与"闲"的态度,白居易在《闲忙》一诗中有明确阐述。

《闲忙》(《白氏文集》卷五十八·2845)
奔走朝行内,栖迟林墅间。
多因病后退,少及健时还。
斑白霜侵鬓,苍黄日下山。
闲忙俱过日,忙校不如闲。

对常年官场生活的"忙"的厌倦、否定,与对"闲居"生活的"闲"的欣然与肯定形成鲜明对比,使读者强烈感受到了白居易的"闲居"志向。

综上所述,中国古代文学中的"闲居"形象,无论是陶渊明的田园"闲居",还是白居易的池亭"闲居",无论是辞官,抑或是

---

① 埋田重夫.白居易研究——闲适之诗想[M].东京:汲古书院,2006:303.

"中隐"，均是厌倦官场生活的隐者形象，他们所追求的"闲居"，是怡然自得、精神丰盈的理想境界。

第二节　从田园池亭到深山草庵
—— "闲居"形象在日本的传承

中国古代文学中的"闲居"形象，对日本文学也产生了深刻的影响。以菅原道真的闲居诗为代表，包括《千载佳句》《本朝丽藻》《和汉朗咏集》等日本的诗歌佳句集中，有很多歌咏闲居的作品，甚至出现了"幽居""闲居"等诗歌部类。具体而言，这些闲居诗大部分受到了白诗，尤其是"闲适诗"的影响。可见，以"闲居"为主题的白居易"闲适诗"博得了日本汉文学者的广泛喜爱。同时，歌咏"闲居"的作品不仅限于日本的汉诗文，《千载和歌集》《新古今和歌集》等和歌集中也出现了闲居题咏。文学体裁由诗转变为歌的过程中，伴随着和歌传统的影响，加之中日两国社会背景的差异，所吟咏的"闲居"形象也势必会发生变化。

一、赞岐守菅原道真的"闲居"咏——与江州司马白居易的"闲适诗"之比较

文章博士出身的菅原道真（845—903 年），兼具官僚与诗人的双重身份，他一生波澜起伏，曾晋升右大臣之高位，却因谗言左迁至僻远的太宰府。仁和二年（886 年），四十二岁的道真被免去式部少辅、文章博士、加贺权守等职，奉命调往四国任赞岐守。文人

官僚调任地方的先例并不鲜见，因此调任赞岐守不属于左迁。然而，突然的调任，对于纪传道出身的中央官僚道真的打击还是很大的，其表现之一是外任期间以望乡、旅愁、叹老为主题的作品增多。正如赞岐守任期内所吟"赞州刺史本诗人"（《菅家文草》《题驿楼壁》243），其实这是对并非本意的"赞州刺史"的一种不满。对于道真而言，所谓"诗人"并非单纯指吟咏花鸟风月的文人，而是任职京都的宫廷诗人，调任地方激发的是道真对"诗臣"这一对公身份的强烈意识。这是道真儒者和诗人双重身份的体现，其根源在于纪传道所包含的儒学家和文学家的双重性。① 而如前所述，白居易在元和十年（815 年）因越权谏言而被贬为江州司马，遭遇了人生中唯一一次左迁。将仕途不遇视为作诗好机会的白居易，开辟了"退公独处""移病闲居"的私人空间，专心致力于"闲适诗"的创作。对白居易而言，诗歌是克服官场失意的手段，他所理解的诗人，是超然物外的诗狂、诗魔。相似的境遇，却使菅原道真和白居易的诗人觉悟，分别指向了"公""私"两个截然相反的方向。下面，将通过任赞岐守时期的道真诗与江州左迁时期的白诗的比较，分析同样身处人生逆境的两位诗人笔下"闲居"形象的异同。

道真对白居易闲适诗的受容，单单从《闲居》（《菅家文草》卷四·321）、《闲适》（《菅家文草》卷六·464）、《咏乐天北窗三友诗》（《菅家后集》477）等诗题便可见一斑。赞岐守时期的道真诗中，频繁出现"闲吟""诗魔"等白居易闲适诗中的常用诗语。尤其是表达中隐志向、屡次作为白诗诗题的"闲居"一词，也可见

---

① 藤原克己. 菅原道真与平安朝汉文学［M］. 东京：东京大学出版会，2001：193 – 197.

于赞岐守时期的道真诗中。道真虽然在意白诗，但心怀不同诗人觉悟的二人，对各自笔下的"闲居"咏，亦会产生不同的影响。

白居易闲适诗的特征，首先是因"知足保和"而获得的身心自由、充实之乐。

《咏意》（《白氏文集》卷七·闲适三·0298）

常闻南华经，巧劳智忧愁。

不如无能者，饱食但遨游。

平生爱慕道，今日近此流。

自来浔阳郡，四序忽已周。

不分物黑白，但与时沉浮。

朝餐夕安寝，用是为身谋。

此外即闲放，时寻山水幽。

春游慧远寺，秋上庾公楼。

或吟诗一章，或饮茶一瓯。

身心一无系，浩浩如虚舟。

富贵亦有苦，苦在心危忧。

贫贱亦有乐，乐在身自由。

在倾吐内心世界的这首《咏意》中，白居易首先以《南华经》，即《庄子·列御寇篇》中的"巧者劳而知者忧，无能者无所求，饱食而敖游"作为诗作的依据，表明自己长久以来对"无能者"处世方式的羡慕。其次阐述了因江州左迁而更加接近理想的生活方式，描写了日常"朝餐夕安寝，用是为身谋。此外即闲放，时寻山水幽。春游慧远寺，秋上庾公楼。或吟诗一章，或饮茶一瓯"的悠然自得。进而以"身心一无系，浩浩如虚舟"表达了因生活的闲暇而获得的身心自由。"身心一无系"的"系"，所指代的无非就是"巧者""智者"叱咤官场的羁绊。最后，以工整的对仗将"富贵"与"贫贱"的"苦"与"乐"相比较，强调"身自由"胜于"心危忧"。

还有一首《咏怀》，可谓"知足保和"的闲适诗之典型。

《咏怀》（《白氏文集》卷七·闲适三·0328）

冉牛与颜渊，卞和与马迁。

或罹天六极，或被人刑残。

顾我信为幸，百骸且完全。

五十不为夭，吾今缺数年。

知分心自足，委顺身常安。

故虽穷退日，而无戚戚颜。

昔有荣先生，从事于其间。

今我不量力，举心欲攀援。

穷通不由己，欢戚不由天。

命即无奈何，心可使泰然。

且务由己者，省躬谅非难。

勿问由天者，天高难与言。

冉牛与颜渊因患"六极"而早逝，卞和与司马迁因受刑罚而致残。与之相比，年近五十还健在的自己是幸运的。并以"知分心自足，委顺身常安"揭示了"闲适诗"的核心思想"知足保和"。以此心态，虽身处江州左迁的逆境，而面无烦恼之色。还列举春秋时期的隐者荣启期，表达了想要追随其足迹的愿望。下面两句"穷通不由己，欢戚不由天。命即无奈何，心可使泰然"中，言及"穷通"，即"穷达"。《孟子·尽心上》中有"穷则独善其身，达则兼济天下"。此处阐述了"穷达"在于天命，而"欢戚"即悲喜等心情在于自身的观点。白居易以此来自我安慰、自我鼓励，调整身处逆境时的精神状态，并通过反复强调脱离官场烦累而获得身心自由、充实的"乐"，来努力克服困境，实现自我调整。

此类脱离官场羁绊、享受精神安乐的诗作，也可见于菅原道真的"闲居"诗。

《闲居》（《菅家文草》卷四·321）

茅屋三间竹数竿，便宜依水此生安。

疏畦种黍才收得，殊恨余年不弃餐。

此处的"茅屋"指的是隐者的草庵。"三间""数竿"等数量词显示出闲居生活的简朴。"便宜依水此生安"一句吐露了安于清贫的心境。诗中表达的对平凡日常的肯定与白居易"闲适诗"是相通的。然而，该作品是"僧房屏风图四首"中的一首，究竟多大程度反映了道真的实际生活体验，不得而知。另外，白居易闲适诗的影响还体现在以"闲适"命名的道真诗中。

《田家闲适》（《菅家文草》卷五·362）

不为幽人花不开，万株松下一株梅。

逢春气色溪中水，待月因缘地上苔。

双鹤立汀间弄棹，满壶临岸便流杯。

子孙安在恩情断，谁讼书堂与钓台。

《闲适》（《菅家文草》卷六·464）

曾向簪缨行路难，如今杖策处身安。

风松飒，闲无事，请见虚舟浪不干。

从《田家闲适》的诗题旁附加的"屏风画也"的自注可见，这是一首题画诗。将白居易闲适诗中描写的"闲居"之趣咏入题画诗，反映了道真对享受精神安乐的"闲居"的憧憬。但不得不承认，寄托屏风画吟咏的"闲居"世界，虽然反映了道真的理想，但却仅仅停留在想象的层面，缺乏真实感。在赞岐守时期的道真诗中，也出现了"闲居"一词。例如，作者赴任赞岐守的第二年所作《行春诗七言二十韵》（219年）中，列举了努力奉公的具体事例之后，对于自身的勤务态度及功绩略带悲观语气记述道："冥感终无驯白鹿，外闻幸免唤苍鹰。应缘政拙声名坠，岂敢功成善最升。"最后，作品以下面几句作结：

人散闲居悲易触，夜深独卧泪难胜。

到州半秋清兼慎，恨有青青污染蝇。

作者完成一天的公务，从衙门回到住所，四壁皆空、寂静无声。深夜回想起在京时的往事种种，悲伤难耐，孤枕难眠，泪洒衣襟。此处描写的"闲居"，取其"清静独居"的本义，并附加"悲""泪"等要素，呈现出了充满寂寞悲伤的世界。道真"闲居"中的"悲"和"泪"，正如尾联"到州半秋清兼慎，恨有青青污染蝇"所述，源自心怀早日功成名就回京的迫切愿望却难以实现的苦闷与悲哀。

道真的其他作品，如《晚春游松山馆》（222）"抱膝闲吟泪湿巾"、《冬夜闲居话旧》（239）"怀旧犹胜道老忘，多言且恐损中肠……不恨寒更三五去，无堪落泪百千行"、《江上晚秋》（266）"不敢闲居任意愁"等，在这些"闲居"咏中，"泪""愁"等词语频繁出现。这种"闲居"诗境充满了悲伤，而悲伤源自道真对自身境遇的认知。当然，江州左迁时期的白居易所咏的感伤诗中，如"当春颇愁寂，对酒寡欢趣。遇境多怆辛，逢人益敦故"（《白氏文集》卷十·感伤二·《渐老》0504）等，也可见借用叹老、悲秋等诗歌题材，吐露自身境遇不顺的"愁寂""怆辛"等词语。感伤诗与闲适诗可谓一对，共同表现了白居易内心的正反两面，闲适诗中反复强调的身心自由充实之"乐"，其背后隐藏的恰恰是内心的挣扎与苦恼。而正如"沉忧竟何益，只自劳怀抱。不如放身心，冥然任天造"（《白氏文集》卷十·感伤二·《首夏》0508）所述，白居易有意识地尽力排除这种忧伤的负面情绪，并试图利用闲适诗，变江州左迁的"悲"为"乐"。对于"悲"的不同态度，导致了道真与白居易"闲居"咏诗境的不同。

白居易"闲适诗"的另一个特征，是维护"闲居"世界对私的性质，排除官场、公务、仕途等对公的要素。

《闲关》（《白氏文集》卷七·闲适三·0311）

我心忘世久，世亦不我干。

遂成一无事，因得长掩关。

掩关来几时，仿佛二三年。

著书已盈帙，生子欲能言。

始悟身向老，复悲世多艰。

回顾趋时者，役役尘壤间。

岁暮竟何得，不如且安闲。

诗题"闭关"，象征勤务的对公空间与闲居的对私世界的界限。首联"我心忘世久，世亦不我干"，依据的是陶渊明《归去来兮辞》中的"世与我而相违"，表述了我心与俗世互不相干的状态。其次，感悟到身形渐衰，重新深刻体会到官场的艰险。最后，回顾为了追名逐利而奔走于世间者，到头来一无所获，感叹"岁暮竟何得，不如且安闲"，即还不如像自己这样闲居安乐。白居易所向往的"闲居"，如"闭关"所象征的，是脱离"世"，即官场羁绊的世界，是排除官场这一对公世界而形成的相对独立的私人空间。这与"闲适诗""退公独处"的定义完全吻合。

"闲居"的这一特征，通过作品中经常吟咏的"休退之心"也有所体现。例如，《望江楼上坐》（《白氏文集》卷七·闲适三·0314）"我年过不惑，休退诚非早。从此拂尘衣，归山未为老"，《昔与微之在朝日同蓄休退之心迨今十年沦落老大追寻前约且结后期》（《白氏文集》卷七·闲适三·0316），"宦情君早厌，世事我深知。常于荣显日，已约林泉期"等等。然而，"休退之心"虽然意味着白居易对仕途的放弃，但是缺乏第一章论及的隐者拒官不仕的彻底性。正如其在《江州司马厅记》（《白氏文集》1471）中所述：

> 官不官，系乎时也。适不适，在乎人也。江州，左匡庐，右江湖，土高气清，富有佳境。刺史，守土臣，不可远观游；群吏，执事官，不敢自暇佚；惟司马，绰绰可以从容于山水诗酒间。由是郡南楼，山北楼，水渟亭、百花亭、风篁、石岩、瀑布、庐宫、源潭洞、东西二林寺、泉石松雪，司马尽有之矣。苟有志于吏隐者，舍此官何求焉？

由此可见，白居易是想以吏隐的方式止于官场，同时在"闲居"的私人空间体味隐逸心境。最终，作为吏隐方式的延续，至杭州刺史时期，白居易创立了"中隐"之说。①

而在道真描写的"闲居"中，对官场、公务等对公世界的态度，却与白诗截然相反。道真下面的作品鲜明地体现了二者的差异。

《纳凉小宴》（《菅家文草》296）
避暑闲亭上，消忧客恨中。
骨寒南岸水，心刷北窗风。
远望苗抽绿，遥思粟衍红。

---

① 有关白居易的"中隐"，将在本节第二部分详细论述。

此时何闷事，官满未成功。

由诗题"纳凉小宴"可知，该诗不是宫廷诗宴等对公场合的作品，而是在海边别墅等私人场合的作品。首联"避暑闲亭上，消忧客恨中"，记述了道真并非为了避暑，而是为了让海风吹走心头"赞岐客意"的忧愁来到闲亭上的。眼前是"远望苗抽绿，遥思粟衍红"的田园风光，但心中却因任期将至、作为赞岐守未留下任何功绩而烦闷。这种心境与前面描绘的画面极不谐调。该诗非但看不到如白居易那样将官场、公务等对公要素积极排除在私人空间"闲居"之外的态度，反而呈现的是道真虽然身在"闲居"，却无暇体味其中乐趣，一味忧患于自身仕途的形象。

以上，通过道真"闲居"咏与白居易闲适诗的比较，考察了二者"闲居"形象的不同。道真的"闲居"咏中，"闲居"与官场之间并没有像白诗"闭关"那样的明确界限，而是成为对公世界的延伸，道真经常将仕途不遇的忧愁、回京的期待、再次活跃在宫廷诗坛的心愿咏入"闲居"，导致其"闲居"咏形成充满"悲"与"泪"的诗境。道真虽然向往白居易闲适诗中吟咏的中隐式"闲居"形象，但在诗歌创作实践中，却基于调任地方的真实心境，舍弃了白诗"闲居"之乐，代之以"悲"与"泪"，呈现出仕途不遇的"闲居"形象。

二、庆滋保胤《池亭记》中的"闲居"形象

庆滋保胤由以参加劝学会为中心的实践期转入以著述为中心的内省期后，陆续写下了《池亭记》《日本往生极乐记》等作品。天

元五年（982 年）作成的《池亭记》（《本朝文粹》卷十二·记·
375），前半部分以都城住居论为主，后半部分论述了池亭闲居生活
及心境。正如先学所指出的，其结构与叙述很大程度上受到白居易
《池上篇》（《白氏文集》卷六十九·2928）的影响，并影响了后世
的《方丈记》。① 下面，主要以《池亭记》后半部分所述"三遇"
为线索，考察保胤描写的池亭"闲居"形象的特征。

在吐露池亭"闲居"的心境时，保胤曾提到"三遇"，论述
如下：

> 夫汉文皇帝为异代之主，以好俭约安人民也。唐白乐天为
> 异代之师，以长诗句归佛法也。晋朝七贤为异代之友，以身在
> 朝志在隐也。予遇贤主，遇贤师，遇贤友。一日有三遇，一生
> 为三乐。

大曾根章介在《〈池亭记〉论》一文中指出："此处作者叙述
了自己因读书而得三遇，而我们从中可见作者所表现的官人、诗人
（包括佛道信仰）、隐者的三个方面，以及儒、佛、老三种思想的并
存。"② 可见，三教并存可谓保胤池亭"闲居"形象的显著特征。

首先，"夫汉文皇帝为异代之主，以好俭约安人民也"部分，

---

① 有关庆滋保胤《池亭记》、鸭长明《方丈记》与白居易诗文的联系，可参见金
子彦二郎. 方丈记与支那文学的关系——以与白乐天诗文的关系为中心［J］.
帝国学士院记事. 1942（1-1）：29-93；隽雪艳. 从"池上篇"到"池亭记"
《方丈记》——论其思想特征［J］. 和汉比较文学. 1996（17）：40-51.

② 大曾根章介.《池亭记》论［M］//山岸德平. 日本汉文学史论考. 东京：岩波
书店，1974：242.

表现了作者基于儒家伦理观的官人一面。《池亭记》执笔之时，保
胤任内记一职在朝廷奉公。他所向往的汉文帝俭约的理念，如"予
行年渐垂五旬，适有小宅。蜗安其舍，虱乐其缝。鹪住小枝，不望
邓林之大。蛙在曲井，不知沧海之宽"所述，具体体现在池亭的简
易朴素上。当然，此部分模仿的是白居易《池上篇》"识分知足，
外无求焉。如鸟择木，姑务巢安，如蛙居坎，不知海宽"，主要依
据的是《老子·四十六章》）"故知足之足，常足"中所提倡的知
足安分之理念。而作者的官人一面，在《池亭记》结尾阐述的理想
住居论中表现得最为显著。

> 嗟呼，圣贤之造家也，不费民，不劳鬼。以仁义为栋梁，
> 以礼法为柱础，以道德为门户，以慈爱为垣墙，以好俭为家
> 事，以积善为家资。（中略）其家自富，其主是寿。官位永保，
> 子孙相承。

此住居论揭示于"应和以来，世人好起丰屋峻宇，殆至山节藻
棁。其费且巨千万，其住才二三年"等抨击时弊的文字之后。从
"仁义""礼法""道德""慈爱""好俭"等用语可知，保胤的住
居论是基于儒家的伦理观而形成的。"官位永保"的愿望中，可窥
见隐藏于作者心底谋求仕途显达的期待。事实上，《池亭记》执笔
的第二年，天历末年（983 年）保胤即荣升大内记，并于永观二年
（984 年）投身花山朝的政治改革。综上，作者作为官人的儒家立
场可谓奠定了《池亭记》全篇的基调。

然而，《池亭记》并非单纯基于儒家思想。下面以"唐白乐天

为异代之师，以长诗句归佛法也"部分为线索，来探讨该作品中所表现的佛教思想的特征。将白居易视为"异代之师"，并非因其单单擅长诗文或单单皈依佛法，而是因其以诗句之文才皈依佛法。这与保胤参加劝学会时，为了将"法之道"与"文之道"结合起来而导入白居易的"狂言绮语观"的情况是一致的。保胤的《池亭记》，并未仅仅停留于对白居易《池上篇》的模仿，而是强化了佛教信仰的要素。保胤的池亭中除了文人必备的书籍之外，还安放了弥陀。即使没有像白居易池亭中"有书有酒，有歌有弦"那样的风雅之物，阿弥陀堂也是万万不可或缺的，显示了保胤念佛读经的信仰之心。如"盥漱之初，参西堂，念弥陀，读法华"所述，念佛读经已成为保胤"闲居"生活日常的一部分。此处也反映了当时日本社会净土思想的盛行。但是，如"在朝身暂随王事，在家心永归佛那"所述，作者向往的并不是完全脱离世俗皈依佛门、专心佛教修行的纯粹信仰生活，而是置身官场这一对公空间的范围内，仅在池亭"闲居"这一对私空间进行佛教修行。这与置身官场又谋求精神自由、兼顾"官"与"隐"的白居易中隐式处世态度极为相似。保胤的确援用了白氏"中隐"的方法，只不过将"隐"替换成"佛"，试图实现"官"与"佛"的调和并存。

此外，如"晋朝七贤为异代之友，以身在朝志在隐也"所述，保胤的信仰生活中，不仅包括佛教信仰，还包括隐逸志向。有关"越名教而任自然"的"竹林七贤"，本书第一章中国古代的佯狂型隐者形象、第二章《怀风藻》"狂僧"形象等部分多有论及，在此不一一赘述。"竹林七贤"已成为中日隐者、文人、僧侣心中的理想形象。此处，保胤将"竹林七贤"作为隐者的代表列举出来，但具体到隐逸生活的描写，参照的仍旧是白居易的诗文表述。

家主，职虽在柱下，心如住山中。官爵者任运命，天之工均矣。寿夭者付乾坤，丘之祷久焉。不乐人之为凤鹏，不乐人之为雾豹，不要屈膝折腰，而求媚于王侯将相，又不要避言避色，而刊踪于深山幽谷。

此处的"职虽在柱下，心如住山中"，明显地揭示出保胤的隐逸心境。不做出世的"凤鹏"，亦不做隐遁的"雾豹"。不愿屈膝折腰献媚于权贵，亦不愿避讳人言隐身山谷。这种半官半隐的生活态度与白居易提倡的"中隐"如出一辙。

《中隐》（《白氏文集》卷五十二·2277）
大隐住朝市，小隐入丘樊。
丘樊太冷落，朝市太嚣喧。
不如作中隐，隐在留司官。
似出复似处，非忙亦非闲。
不劳心与力，又免饥与寒。
终岁无公事，随月有俸钱。
君若好登临，城南有秋山。
君若爱游荡，城东有春园。
君若欲一醉，时出赴宾筵。
洛中多君子，可以恣欢言。
君若欲高卧，但自深掩关。

亦无车马客，造次到门前。

人生处一世，其道难两全。

贱即苦冻馁，贵则多忧患。

唯此中隐士，致身吉且安。

穷通与丰约，正在四者间。

　　该诗是白居易 58 岁在长安辞退刑部侍郎一职移居洛阳之作。相对于"大隐"和"小隐"，白居易采用了"中隐"的形式。处于"似出复似处，非忙亦非闲"的状态，虽然不能完全获得身心自由，但不必劳心费力，终年无公务缠身，可免于官场的烦累。每月有俸禄，可免于饥寒，不必为生计奔波。并且没有访客，亦可免于人际关系的烦琐。只有身处"中隐"，才得以从政治、社会的束缚中解脱出来。并用以"君若"起始的排比句式，表达了可以"登临""游荡""一醉""高卧"等，尽情做自己想做之事。此处，强调的是"中隐"的本质，即精神世界的自由。正如尾联所咏，"中隐"是介于穷困与通达以及贫贱与富贵之间的生活状态。白居易是在"官"与"隐"调和的中间状态谋求精神世界的自由的。"中隐"的场所，不是山林幽谷等传统的隐逸之地，而是近在咫尺的洛阳履道里家宅中的池亭"闲居"。无疑，同是置身官场的保胤，对白氏"中隐"思想所阐述的出处进退的处世之道一定产生了深深的共鸣。

　　以上，考察了"三遇"所象征的保胤《池亭记》三教并存的"闲居"世界。官人的儒家立场与隐者的反儒家立场、基于佛教立场对净土往生的憧憬与基于隐逸立场对现世"闲居"的肯定，这些乍一看相互矛盾的思想，在保胤的池亭"闲居"中，却能相安无事、和平共存。对此，大曾根章介有如下阐述：

> 这并不意味着作者很特别，是个拥有多种思想、思想复杂的人，而是当时知识分子的趋势。这些思想并不是我国固有的，而是从中国传来的，与白乐天"儒道佛书各三两卷"（草堂记）的记述相同，是通过书籍作为知识引进吸收的。而且，知识分子的理想生活方式，不是基于固定思想而行动，而是根据环境改变自身的处世方式。①

三教并存的确是当时文人精神世界的大趋势，然而，三教的关系为何不是本书第三章考察的空海《游山慕仙诗》中呈现的"俗界—小仙界—大仙界"三重递进式的关系，而是并存关系？在此，笔者还要再次强调白诗的媒介作用。除了前文列举的《中隐》，向往在家修行的维摩诘的白居易，还曾吟咏过"晨兴拜表称朝士，晚出游山作野人……酒肆法堂方丈室，其间岂是两般身"（《白氏文集》卷六十四·《拜表回闲游》3126）、"净名居士经三卷，荣启先生琴一张"（《白氏文集》卷六十四·《东院》3126）等诗句，将自身的闲居称作"方丈室"，享受琴酒、法堂、经典相伴左右，半僧半俗而又怡然自得的自由空间。而且，在《睡起晏坐》（《白氏文集》卷七·闲适三·0290）"本是无有乡，亦名不用处。行禅与坐忘，同归无异路"诗文之后，附有白居易的自注："道书云无何有之乡，禅经云不用处，二者殊名而同归。"也就是说，只要是

---

① 大曾根章介.《池亭记》论［M］//山岸德平.日本汉文学史论考.东京：岩波书店，1974：242.

有益于内心安宁的，无论是佛教还是老庄均可，没有区分的必要。透过上述半僧半俗、半官半隐的生活状态，可以窥见白居易自由游走于儒佛道三教之间的精神世界。而白居易仅仅是唐代文人"三教调和"潮流中的一个缩影。在唐代"三教调和"思潮的影响下，在佛、道二教自身形态发生巨大变化，不断世俗化、人生化的情况下，"唐代有更多的文人采取兼容三教的立场。他们自由地'周流三教'，往往根据各自的理解取其所需，随意地加以运用和发挥"①。摄关期的文人通过舶来的唐代文学作品，尤其是典型的白诗，准确地捕捉到了这一思潮，并运用到自身的文学创作及处世方式中。

对于生活在摄关政治时期的中下级贵族，白居易的生活方式是最理想的，也是最可行的。相对于菅原道真想象中的"闲居"，庆滋保胤的"闲居"，是以白居易的生活方式为目标，在真正建造池亭基础上的实践之作。其三教并存的"闲居"形象也是当时社会状况的真实反映。保胤池亭"闲居"的三教并存，可谓之后出现的"佛""隐"融合的《方丈记》"闲居"的前期准备阶段。

三、闲居题咏的流行——以白居易闲适诗的受容为中心

以"闲居"为主题的白居易闲适诗不仅受到日本汉文学者的喜爱，而且对日本的和歌领域也产生了深远的影响。《千载和歌集》《新古今和歌集》等敕撰和歌集中陆续出现了闲居题咏。文学体裁由诗转变为歌的过程中，伴随着和歌传统的影响，加之中日两国社

---

① 孙昌武. 道教与唐代文学［M］. 北京：人民文学出版社，2017：523.

会背景的差异,"闲居"形象会发生怎样的变化?下面,将通过与白居易闲适诗的比较,探讨闲居题咏的特征。

最早收录闲居题咏的敕撰和歌集是《千载和歌集》。

闲居闻霰咏怀

寒夜独卧柴屋下,软霰纷落令心碎。(卷六·冬歌·444·左近中将良经)

闲居月咏怀

唯有明月伴孤夜,隐入山端无人访。(卷十六·杂歌上·1008·藤原隆亲)

闲居水声咏怀

唯有水滴拍岩声,澄心静气细聆听。(卷十七·杂歌中·1134·仁和寺法亲王守觉)

《闲居闻霰》一首,描写了寒冷的冬夜,独自一人孤枕难眠,加之软霰落下拍打屋顶的声音,更加凸显了孤独的氛围。《闲居月》一首,描写了寂静的夜晚,连唯一做伴的明月都隐入山后的寂寞"闲居"。两首歌都强调了"闲居"孤独寂寞的氛围。这与前文所述白居易闲适诗的主要特征"知足保和",即享受身心自由、充实的心境截然不同。此类闲居题咏,应是继承了《古今和歌集》中"山里"歌的传统。

山里蝉鸣黄昏至,秋风之外无人访。(秋上·205·咏者不详)

山里秋日独寂寥，鹿鸣声声入梦惊。（秋上·214·忠岑）

咏冬之歌

山里冬日更寂寞，奈何草枯人迹绝。（冬·315·源宗于
朝臣）

如上述作品所示，《古今和歌集》中所吟咏的"山里"，均是
孤寂清冷之地。从中可以看出偏重于寂寥氛围的"山里"咏的定型
化倾向。①《千载和歌集》闲居题咏前两首中的"闲居"意境，与
"山里"咏十分相似。然而第三首《闲居水声》，却将无人来访视
为无人打扰，可专注于聆听水声、达到澄心境地，表达了乐享闲居
的心境。通过独自闲居山里，与世隔绝，心灵得到净化。作者是仁
和寺御室的守觉法亲王。而同样是僧侣的西行，以"山家闲居见
雪"为题作"雪乃我友埋草庵，深山闲居盼春来"（《山家集》
568），咏出了以雪为伴的山家闲居生活。正如先学所考，将"山
里"吟咏成美好之地的和歌，最早出现在《拾遗和歌集》中，而
到了《后拾遗和歌集》，这种倾向愈发显著。② 西行闲居题咏中所
表现的亲近自然之乐趣，应当是受到了《后拾遗和歌集》等"山
里"歌的影响。

---

① 有关《古今集》中"山里"文学表现的形成与山林隐逸诗的联系，以及"山
　里"歌的表现特色与山林隐逸诗的区别，可参见拙稿（田云明. 从《怀风藻》
　山林隐逸诗到《古今集》"山里"歌［J］. 言语和文化. 2011（12）：83 –
　100.）。

② 详见小岛孝之. "山里"的系谱［J］. 国语和国文学. 1995（72 – 12）：1 – 14；
　笹川博司. "山里"自然美的形成——从《拾遗集》春夏到《后拾遗集》秋冬
　［M］//后藤祥子，等. 平安文学的想象力（论集平安文学 第五集）. 东京：勉
　诚出版，2000.

　　导致改变对"山里"看法的重要原因，可从《后拾遗和歌集》
（秋上·248）所收藤原家经的歌作中找到答案。这首歌以"居易
初到香山咏怀"为句题，显然是受到白居易闲适诗的影响，以秋夜
之明月为主题，将"山里"吟咏成美好之地。久保田淳指出："从
王朝至中世的日本人，一直对草庵怀有憧憬的最大源泉，是白乐天
的闲适诗世界。"① 不是对白居易的"池亭""草堂"，而是对"草
庵"怀有憧憬，显示出在日本白诗受容的特点。从这首藤原家经的
歌作可见，不仅仅是"草庵"，对"山里"乃至"山家闲居"的向
往，同样也受到了白诗的影响。

　　继《千载和歌集》之后，《新古今和歌集》中也出现了两首歌
咏寂寞闲居的作品。由两首和歌的词书，即作歌背景的说明文字可
知，两首均收录于在守觉法亲王主办之下歌咏的《御室五十首》
中。前者（卷十七·杂歌中·1622·有家朝臣）表达了隐于松林，
静待访者的心境，以及对不解风情的风声的怨恨。歌题"闲居之
心"指的就是闲居生活的寂寥感。后者（卷十七·杂歌中·1686·
定家朝臣）是藤原定家《闲居二首》中的一首，通过曾经的客人
不再来访的今昔对比，强调了如今的寂寞闲居。

　　除了上述两首，定家的闲居题咏还有文治三年（1187 年）与
家隆共咏的《闲居百首》，建保六年（1218 年）与慈円共咏的《文
集百首》中的《闲居十首》。其中，定家 26 岁所咏《闲居百首》，
并不能明显看出是以闲居为主题②，却能反映当时的歌人对题意的

───────────

①　久保田淳. 草庵的文学［M］//久保田淳. 西行 长明 兼好. 东京：明治书院，
　　1979.
②　赤羽淑. 藤原定家的闲居［J］. 文化，1967（30－4）：76.

理解。其中，有四首歌咏闲居四季景物的作品（春·316、夏·328、秋·341、冬·362）。① 由四首中出现的"云""霞""雾""霜""雪"等和歌题材可知，定家所咏的闲居，是被云霞、烟雾遮蔽覆盖的另一个世界。伴随着充满寂寥感、孤绝感的闲居生活，人们感受到的是定家郁郁不得志、怀才不遇的心境。定家闲居题咏所体现的"寂寥感、孤绝感"，与《古今和歌集》中被定型为"寂寥、孤绝"之地的"山里"咏一脉相承，而与"喜入山林初息影"（《白氏文集》《重题》0976）、"知分心自足，委顺身常安"（《白氏文集》卷第七·闲适三·《咏怀》0328）等白居易闲适诗中表现的闲居生活的欣喜与安乐大相径庭。定家的闲居"与绝对平和安宁的境界相隔甚远"②。

如前文所述，除了定家，慈円也曾吟咏《闲居十首》并收录于《文集百首》。所谓《文集百首》，是建保六年（1218 年），僧侣兼歌人的慈円从《白氏文集》中选取诗句，作句题和歌，同年邀定家也加入咏歌。从慈円的选句倾向可了解到当时的僧侣对白诗受容的新动向。有关《文集百首》的《白氏文集》受容，田中干子通过对《文集百首》强烈的闲适志向、慈円脱离句题咏歌的理由以及慈円、定家咏歌的差异等问题的分析，指出《文集百首》的闲适诗受容具有前所未有的特点。③ 如前所述，白居易闲适诗含有"中隐"、

---

① 定家《闲居百首》的原文引自久保田淳．译注藤原家定家全歌集：上卷［M］．东京：河出书房新社，1985.

② 赤羽淑．藤原定家的闲居［J］．文化，1967（30－4）：89.

③ 田中干子．《文集百首》的《白氏文集》受容——对闲适诗的共鸣［J］．白居易研究年报，2007（8）：171－189.

佛教等不同侧面。而《文集百首》①　所收《闲居十首》的句题中，经常出现"中隐"相关诗句。这一特征，反映了撰者慈円对"闲居"的理解，以及对白居易闲适诗受容的倾向。下面，主要以慈円的闲居题咏为中心，考察白居易的中隐思想在和歌中的表现特点，以及僧侣笔下的"闲居"形象的特征。

白居易中隐思想的特征，是无论"朝市"抑或"深山"，即便置身官场，只要能够得到身心的自由和充实，精神上享受隐逸之趣即可。不拘泥于自身所处的环境，而是注重心境的"中隐"特性，主要反映在慈円闲居题咏中频繁出现的"心"一词中。

但有双松当砌下　更无一事到心中

唯有风吹庭松枝，更无他物访心宿。

这是《闲居十首》中的第一首，句题"但有双松当砌下，更无一事到心中"是原诗《新昌闲居招杨郎中兄弟》（《白氏文集》2528）的领联。结合首联"纱巾角枕病眠翁，忙少闲多谁与同"便知，句题表现的是公务清闲、心无牵挂的"中隐"心境。对应的和歌中，慈円利用风吹松枝的声音衬托闲居的寂静，将句题的"到心中"比喻成"访心宿"。整首歌从正面肯定了寂静的氛围，洋溢着闲居的欢欣。以心作为归宿的"心宿"一词，表明作者对原诗所表现的"中隐"本质把握得极为准确。

---

①　以下《文集百首》的原文引自文集百首研究会. 文集百首全释（歌合·定数歌全释丛书8）［M］. 东京：风间书房，2007。句题前的编号是《文集百首》的编号，慈円歌后面的编号是《拾玉集》的编号。

另外，表现不拘泥于场所这一典型的"中隐"式思维的白诗也频频入选。从这些题咏中，可感受到慈円对白居易"中隐"式生活态度的强烈共鸣。

> 山林太寂寞　朝阙苦喧烦　唯慈群阁内　嚣静得中间
> 我心何处皆不成，唯有我家为我家。（67）
> 偶得幽闲境　遂忘尘俗心　始知真隐者　不必在山林
> 住得柴庵终觉悟，天涯何处不黄昏。（68）
> 心是即为富　身闲仍当贵　富贵有此中　何必居高位
> 身藏幽谷心自芳，高岭之花暗神伤。（74）

第67首的句题，取自《郡亭》（《白氏文集》0358）的最后四句。与句题前半部分"山林隐居太寂寞，而身处朝廷中又太喧扰"相对应，和歌的上句表达了无论在哪里都不称心如意。与句题后半部分"只有郡亭处于闹和静的中间刚刚好"相应和的是和歌的下句"唯有我家为我家"。与白居易向郡亭寻求闲居境界相比，慈円通过"我家"的同语反复更加自豪地称赞了自己的山中草庵才是自我心灵的归宿。第68首的句题，表达了虽身在官场，若能获得脱俗的心境，并不需要特意隐居山林的观点。与此相对应，慈円从僧侣的角度，表达了如果能达到彻悟的心境，身处何地并不重要。将隐逸的脱俗心境巧妙地替换成佛教的彻悟心境，其创作灵感恰恰源自慈円隐遁生活的真实体验。第74首的句题选自《闲居》（《白氏文集》0234），不同于追求名利、富贵的世俗价值观，强调了身心的自由与充盈。相对应的和歌中，将"心"比作花，将隐遁于幽谷者的高洁之心比喻成花香，并将它的美视为凌驾于"高岭之花"所代表的世俗之美加以赞赏。与白居易《闲居》诗相比，慈円的题咏更加积极地肯定了隐遁生活的高尚。

　　有关白居易"中隐"在日本的受容，通过考察菅原道真的闲居诗可知，白居易所倡导的中隐式生活方式并未在大多数日本文人官僚中得以实现。而在《池亭记》"晋朝七贤为异代之友，以身在朝志在隐也""职虽在柱下，心如住山中"等表述中，可知庆滋保胤真正领会了白居易的"中隐"思想。自保胤以来，能够明确阐释白居易"中隐"思想主旨的和歌作品，唯有慈円《文集百首》所收录的《闲居十首》了。① 具有隐遁生活经历的慈円，对不拘泥于外在环境，而是注重内在心境的中隐思想的本质把握得更为准确，较之保胤等文人官僚对中隐式生活方式产生的共鸣程度更深。而且，慈円并不仅限于对"中隐"的单纯模仿，而是将隐逸的脱俗心境替换成佛教的彻悟心境，更加积极地肯定了隐遁生活的高尚。

　　以闲居题咏的流行、白居易闲适诗在日本的广泛接受为背景，以慈円所吟咏的"心宿"所象征的僧侣"闲居"形象为铺垫，终于诞生了《方丈记》中的"闲居僧"形象。

---

　　① 　笹川博司在《白诗语"深山"的由来与去向》（见笹川博司. 深山的思想——平安和歌论考［M］. 东京：和泉书院，1998）一文中指出，白诗"中隐"思想的影响在庆滋保胤的《池亭记》中表现得最为明确，而体现出白诗"中隐"思想的和歌则是《文集百首》，并表示与《白氏文集》中的"深山"相结合的白居易"中隐"思想，虽然在日本的隐遁思想体系中被部分认知，但最终却没有在日本扎根。

第三节　现世与净土之间：从《方丈记》
看"闲居僧"的内心世界①

鸭长明（1155—1216 年）所著的《方丈记》（1212 年），是日本三大随笔之一，也是中世隐者文学的代表作。其前半部分主要描写了发生在都城京都的五大灾害，后半部分则描写了山中悠悠自得的"闲居"生活。

有关闲居一词，细野哲雄在《"闲居"考》② 中将其用法分为两类，一类是作为精修佛道的条件、方法的佛教用法，一类是以闲居自身为目的的隐逸文人风格的用法。③ 并分析了《方丈记》中赞美闲居生活的相关叙述，指出《方丈记》中的"闲居"是强烈受到老庄思想影响的隐逸文人风格的用法。其观点极富启发性，但有一个问题仍需进一步探讨，即《方丈记》前半部分描写的五大灾害主要以佛教的无常观为基调，后半部分描写的"闲居"生活则主要依据老庄思想和隐逸思想，这一前后异质的对比结构应如何解释？具有对比结构的作品并不鲜见，比如《往生要集》"导入部"的"秽土"与"净土"，白居易闲适诗中的"世网"（官界）与"闲

---

① 第三节内容基于拙稿略加修改而成。参见田云明．现世与净土之间——论《方丈记》的"闲居"世界［J］．国外文学，2017（3）：145–153.

② 细野哲雄．"闲居"考［M］//细野哲雄．鸭长明传的周边·方丈记．东京：笠间书院，1978：183–209.

③ 有关"闲居"一词在佛教典籍中的借用及所发生的词义转化，详见本书第一章第三节。

居",等等。相比之下,《方丈记》结构的非整合性尤为突出。就白居易的闲适诗而言,其中所表现的闲适思想的核心是禅和老庄①,且从《香山寺白氏洛中记》等作品"狂言绮语"的本愿中,可见白居易对净土往生的向往②。从白诗受容史的角度来看,《方丈记》成书的平安、镰仓时期正处于时代转换期,同时也是白诗受容方式发生转变的时期。③ 白诗是如何在《方丈记》中得以体现的?本节着眼于《方丈记》作品结构的非整合性,结合镰仓时代白诗的受容情况,来探讨《方丈记》中所创作的"闲居僧"形象的内心世界。

一、与两个"世"相对应的"闲居"

《方丈记》以"河流之水不息,且此水已非原来之水。淤水处有浮沫,既消且长,长而又消,绝无久止不动之理。世间之人及其住家又皆如此,时刻流转变化"④ 开篇,来阐述"诸行无常"的佛理。之后,为例证佛教的无常观,作者鸭长明列举了大火、旋风、迁都、饥馑、地震等五大灾害。有关《方丈记》序章对《往生要

---

① 孙昌武、副岛一郎.白居易与佛教·禅和净土［M］//太田次男,等.白居易研究讲座:第一卷.东京:勉诚社,1993:181-205.

② 有关白居易晚年对西方净土的向往,参见孙昌武、副岛一郎.白居易与佛教·禅和净土［M］//太田次男,等.白居易研究讲座:第一卷.东京:勉诚社,1993:191-194.

③ 详见太田次男.真福寺藏新乐府注与镰仓时代的文集受容——附·新乐府注翻印［J］.斯道文库论集,1968（7）:323-436;太田次男.白诗受容的诸问题——论与文集古抄本的联系［J］.国语国文,1977（46-9）:1-31.

④ 鸭长明.方丈记.陆晚霞译［M］//陆晚霞.日本遁世文学的研究.北京:人民文学出版社,2013:427.下引《方丈记》中译文均出自该书,将随文标注引文出处页码,不再另注。

集》无常观的摄取，已有相关研究论证。① 其实，不仅限于《方丈记》序章和终章，上述五大灾害的描写，多处也受到《往生要集》（大文第一·厌离秽土）部分的影响。例如，长明在"安元大火"部分曾做如下描述："或困于烟火，伏身倒地；或为火舌所卷，俄顷即死。或只身勉强逃脱，然家财不及取出，所有珍宝如数化作灰烬。"（428 页）此部分源自《往生要集》（厌离秽土第五·人道·无常）中引用的《摩可止观》（卷七·上）"遭生老病，尚不为急，死事弗奢。那得不怖。怖心起时，如履汤火。五尘六欲，不暇贪染"。佛典中将死神降临的恐惧比喻成赴汤蹈火，与此相对，长明借"安元大火"一节鲜明地再现了人们临死的各种形态，并用人们贪图"家财""珍宝"的愚蠢行径将"五尘、六欲"等抽象词语具体化。在"养和饥馑"一节中长明写道："且令人不解者，薪柴中间有绘金涂朱之木，问其故，乃知有迫于生计者，潜入古寺，盗佛像，毁法器。"（431 页）此部分显然是以《往生要集》（厌离秽土第一·地狱·无间地狱）中的"昔烧佛像烧僧房烧僧卧具之者，堕此中。……昔取佛财物，食用之者，堕此中"为参照。鸭长明用鲜明的描述例证了落入地狱的人们经历的种种苦难，成功将"世"间都中描写成地狱，对秽土的描写较之《往生要集》也更加形象具体。而且，"养和饥馑"一节中的"真可谓生逢恶浊末世，才不幸目睹这般令人忧叹之事哉"（431 页），与《往生要集》开篇"夫往生极乐之教行，浊世末代之目足也"中所揭示的时代意识也高度

---

① 陈靖国指出，对《往生要集》无常观理论的摄取，仅在《方丈记》的序和结尾部分得以确认。参见陈靖国.《方丈记》无常观的特异性——论与往生要集的关系 ［J］. 学大国文，1989（32）：126.

一致。在五大灾害的描写中，长明聚焦于"世"间的自然灾害与人们内心的贪欲，将佛典中抽象的秽土具体、形象地呈现给读者。

长明虽然充分认识到生于现世的苦恼，却并没有立即离开诸行无常的"恶浊末世"去欣求"净土"，而是逐渐将目光转向自己的内心，开始历数"烦心事"。

> 又，拥权握势者贪重欲深，孤苦伶仃者人轻贱之。持财则多虞，受贫则生恨。有求于人，己身即为他所有，养亲育幼，心志常为恩爱所役。入世随俗，苦己之身；出世背俗，又似癫狂。（433 页）

以上记述援用了白居易《池上篇（并序）》、庆滋保胤《池亭记》等文章表现。① 所谓"入世随俗，苦己之身"之"世"，是指人世间的常识与惯例，即社会秩序、人际关系，重点强调"世"的社会性束缚、世事的烦扰。想要摆脱对权势、财产的贪欲和人际关系束缚的长明，发出"究应居何处，营何事，方能使此身得少时安栖，令此心得片刻闲适哉?"（433 页）的疑问，表达了对安居之地的渴望。这种心境与白居易闲适诗中所吟咏的"渴望逃离束缚自身、烦心劳神的官场，获得自由而平静的精神世界的希求"② 极为

---

① 有关《方丈记》与白居易《草堂记》《池上篇》、兼明亲王庆滋保胤《池亭记》等先行文学作品之间影响关系的论考，包括如金子彦二郎 . 方丈记与支那文学的关系——以与白乐天诗文的关系为中心［J］. 帝国学士院记事 . 1942（1 - 1）：29 - 93；隽雪艳 . 从"池上篇"到"池亭记"《方丈记》——论其思想特征［J］. 和汉比较文学 . 1996（17）：40 - 51；等等，数量颇多。

② 田中干子 .《文集百首》的《白氏文集》受容——对闲适诗的共鸣［J］. 白居易研究年报，2007（8）：172.

相似。例如，《白氏文集》闲适诗《马上作》（卷八·0347）中有以下诗句：

> 一列朝士籍，遂为世网拘。
> 高有矰缴忧，下有陷阱虞。

　　显然，此处的"世网"指的就是官场的羁绊。"遂为世网拘"一句中的被动句式，表露了作者被官场生活所束缚，身不由己的无奈。置身险恶官场的白居易，"高有矰缴忧，下有陷阱虞"，渐渐老去。从诗句"喜入山林初息影，厌趋朝市久劳生"（《白氏文集》卷十六·《重题》0976）中，可见作者想要逃离追名逐利的官场生活的愿望。这与《方丈记》中所表现的想要摆脱世俗社会的束缚和烦恼的心境有相通之处。白诗中所表现的官僚社会的烦累与山林的闲适形成了鲜明的对照。但正如诗句"进不厌朝市，退不恋人寰"《赠杓直》（《白氏文集》卷六·闲适二·0270）所言，白居易的官场否定并不彻底。而从"逍遥篇""南宗禅"《赠杓直》（《白氏文集》卷六·闲适二·0270）等用语中不难发现，虽身处官场，只要能使身心安乐，无论老庄还是佛教，均可成为白居易闲适诗的依据。白居易所向往的，是践行"身不出家心出家"《早服云母散》（《白氏文集》卷六十四·3130）的维摩居士及其方丈室。他以元和十年贬谪江州为转机，与庐山东西二林寺的僧人结社，在精修禅道的同时，倾心于净土往生。① 但正如诗句"且共云泉结缘境，他

---

① 孙昌武，副岛一郎. 白居易与佛教·禅和净土［M］//太田次男，等. 白居易研究讲座：第一卷. 东京：勉诚社，1993：181－205.

生当作此山僧"(《白氏文集》卷六十四·《香山寺二绝·其三》3103)所述,白居易虽怀有出家愿望,仍以"中隐"方式寄身官场,终生为官。

与白居易类似,长明找寻到的也是日野山深处的方丈庵"闲居"。进入《方丈记》后半部分,长明写道:

> 世途维艰,吾含辛茹苦,烦心劳神,已三十余年矣。其间,行事每每不能如愿,终渐知己身时运不济。故,临五十岁之春,出家悖世。(433页)

"世途维艰"指的究竟是什么?"悖世"是对自然灾害带来的无常的摆脱?抑或是对世俗社会束缚的逃离?有关长明出家遁世、隐居山林的理由,并没有明确的记述。此处,便产生了《方丈记》中"世"这一用语的二重性问题。

前半部分的五大灾害,着重描写了没有彻悟"诸行无常"佛理的人们因内心的贪欲和抱怨而产生的活在"世"间的种种苦恼。通过分析,已明确了《往生要集》对此部分的影响。离开地狱般的"世"间找寻到的,本应是"欣求净土"的净土十乐。但长明在描述完五大灾害之后话锋一转,开始诉说"烦心事"。这里的"烦心事",参照了白居易、庆滋保胤等先行作品,具体而言,是指因社会秩序的束缚和人际关系的纷扰产生的烦累。离开令人烦恼的俗"世"寻找到的,应该是希求净土往生却滞留官场的白诗中吟咏的闲居。《方丈记》中的"闲居"恰恰处在与这两个"世"相对应的位置。

具体而言，在《往生要集》中，现世的秽土与来世的净土相对照。在白居易诗文中，一面从人间社会，尤其是闲适诗中吟咏的与官场相对的闲居中寻求精神慰藉，一面作佛教诗句向净土寻求救济。而在《方丈记》中，如地狱般充满自然灾害的"世"，与充满社会秩序束缚、人际关系烦累的"世"，这两个"世"与"闲居"相对照。其中，基于佛教世界观描绘的充满自然灾害、如地狱般的"世"，与后半部分基于老庄思想和隐逸思想描绘的"闲居"，二者之间的对比关系是不匹配的。《方丈记》中的"闲居"，究竟是怎样一种存在？

二、连接现世与净土的"闲居"

首先，通过对四季景物描写的考察，来分析《方丈记》中的"闲居"与净土的关系。

春日可观藤花随风飘摇，如紫云铺于西天。夏日可听杜鹃啼叫，每与之私语，必相誓相约，愿此声为吾通向冥途之引导。秋日有声声蝉鸣盈耳。其声闻之，犹若悲叹此现世之空无。冬日赏雪亦别有情趣，堆积消融之状或可比作人间罪障，生灭无常罢。（434－435 页）

长明先将春季的藤花比喻成"紫云"，与西方净土建立联系。众所周知，"藤"自古以来就是和歌吟咏的题材。例如，《古今集》躬恒咏"路人见吾藤花开，为何折回又忘归？"（春下·120）、传人麻吕咏"吾宅小池旁，藤花已盛开。山中杜鹃鸟，何时来啼鸣？"

（夏·135）等等。以上用例表明，藤花通常被视为晚春或初夏的吟咏素材。而因白居易诗句"惆怅春归不留得，紫藤花下渐黄昏"（《白氏文集》卷十三·《三月三十日题慈恩寺》0631）的传入，"紫藤"一词在日本汉诗文中固定，藤花作为送春、惜春的形象胜过了其作为初夏的形象，到了贯之或《古今集》的时代，咏藤花的和歌中也可见白居易三月尽日"紫藤"诗的影响。① 长明的"春日可观藤花"，应继承了上述歌、诗交流过程中确立的藤花形象。之后，被喻为"紫云"的藤花也在《拾遗集》中出现。

延喜御时，于藤壶设藤花宴之际，随殿上朝臣献歌而作

高贵藤花宫内垂，犹若紫云降人间。

（《拾遗集》卷十六·杂春·1068·皇太后宫权太夫国章）

藤花盛开若紫云，家门吉兆无尽显。

（《拾遗集》卷十六·杂春·1069·右卫门督公任）

国章咏将藤花比喻成紫云，用以歌颂醍醐天皇与皇宫。公任咏将藤原家的象征——藤花喻为紫云，来预祝彰子立后。如《艺文类聚》（第九十八卷·祥瑞部上·庆云）中的"宣帝祠甘泉，紫云从西北来，散于殿前"所示，上述用例均基于神仙、道教思想，沿袭了表示天子降临的祥云这一基本意思。这与《方丈记》"如紫云铺于西天"中描写的"紫云"是有出入的。那么，与《方丈记》同时代的和歌中所吟咏的"紫云"又是怎样的形象呢？

---

① 安田德子. 藤咏考——古今歌人的咏歌基础［M］//和汉比较文学会. 古今集与汉文学（和汉比较文学丛书第11卷）. 东京：汲古书院，1992：172.

寄藤花述怀

虔心静待归西去，眼望藤花念紫云。

（《山家集》·中杂·869·西行）

摄政太政大臣百首歌，咏十乐之圣众来迎乐

岭上松风吹，浮世迷云散。紫云铺天路，琴声响来途。

（《新古今集》·释教·1937·寂连法师）

普门品，心念不空过

青空浩浩诵佛典，藤花盛开紫云现。

（《新古今集》·释教·1944·慈円）

通过"圣众来迎乐""普门品"等歌序中的用语不难发现，这些"紫云"的用例与《往生要集》《法华经》中的佛教思想关系紧密。本义为祥云的"紫云"，何时转变为往生西方净土时"圣众来迎"的"紫云"？就此问题，森田直美以円融院驾崩时藤原实方所作葬送歌为基础，对和歌、散文、经典、佛书中的"紫云"用例进行了细致的考察。① 据森田的考证，如《文选》李善注所引《博物志》中的"王母乘紫云车而至"，"紫云"一词本来源于道教、神仙思想，随着使用范围的扩大，逐渐被《法苑珠林》《净土论》等佛书、往生传作为佛教用语使用。受其影响《三宝绘》《日本往生极乐记》等日本佛教说话集、往生传中甚至出现了"圣众来迎"的"紫云"。而且，"这种用法始见于11世纪中期的和歌、物语作品，其语义逐渐渗透，直至作为常规用法固定下来，应该是在12

---

① 森田直美."紫云"——它是何时变为"圣众来迎之云"的［J］.和歌文学研究，2008（97）：14 - 29.

世纪以后"①。可见随着净土思想的兴盛，吟咏西方净土往生时的"紫云"歌不断增加，带有佛教色彩的"紫云"形象最终确立。西行、慈円等人的和歌正是这一确立期创作的作品，均借用藤花的颜色和形状将其比喻成通向极乐净土的"紫云"。《方丈记》中的"春日可观藤花随风飘摇，如紫云铺于西天"也是同样的思路。忠实于藤花咏的和歌传统、因歌诗交流而形成的春花的象征、由"藤花"到"紫云"的比喻再到西方净土的联想，种种要素全部凝缩到了长明笔下的这一句中。通过上述分析可见，《方丈记》的文章表现是在和歌传统的基础上，受到当时净土思想的影响而形成的。

不仅仅是春季，夏季、秋季、冬季的"闲居"描写中也有同样的表现。首先对于夏季，长明写道："夏日可听杜鹃啼叫。"有关接下来的"每与之私语，必相誓相约，愿此声为吾通向冥途之引导"部分，包括《方丈记讽说》《方丈记宜春抄》等古注的很多注释书，都举出了《拾遗集》的伊势咏"穿越黄泉路，飞来杜鹃鸟。日日念吾子，他界可安好"（卷二十·哀伤·1307）。根据歌序"所生亲王故去之翌年"可断定伊势这首歌作于与宇多天皇生下的皇子去世第二年的夏季。杜鹃鸟往返于阴间与人世哀鸣的这一形象，正是以伊势咏为开端而固定下来的。② 长明通过拟人手法，运用表示男女交往、夫妻约定的"私语""相誓相约"等词，来表现与具有"黄泉的田长鸟"之称的杜鹃鸟相约带路赴黄泉的内

---

① 森田直美．"紫云"——它是何时变为"圣众来迎之云"的［J］．和歌文学研究，2008（97）：26.

② 高野瀬惠子．"黄泉路上的杜鹃鸟"考［J］．国文学论考，1995（31）：23－32.

容。长明不仅考虑到和歌传统的季节感，而且充分利用和歌中杜鹃鸟往返于阴间与人世哀鸣的形象，突显了对生命逝去、人生无常的悲哀。

有关秋季，长明首先依据载于《和汉朗咏集》的白诗"蚤思蝉声满耳秋"写道："秋日有声声蝉鸣盈耳。"正如《古今集》秋上"山里蝉鸣黄昏至，秋风之外无人访"（205）一首所咏，蝉鸣是渲染山中秋色寂寥的代表景物。这与王维《早秋山中作》"草间蚤响临秋急，山里蝉声薄暮悲"等汉诗中采用的以蝉鸣来表达悲秋情怀的技巧是相通的。之后，长明通过"空蝉"一词，利用"缘语"的和歌技巧导出下一句"其声闻之，犹若悲叹此现世之空无"。"空蝉"早在《万叶集》中就成为受人喜爱的歌语，如大伴家持的长歌《悲世间无常歌》后附的短歌"看尽人间无常象，无心世事陷沉思"（卷十九·4162）所示，象征了现世的短暂无常。"空蝉"的这一形象最终确立，并作为命、人、世、身等词的"枕词"被广泛使用。① 长明从汉诗传统的"悲秋"出发，利用和歌的"缘语"等技巧，成功完成了从悲秋的诗境到悲叹世间无常的方向转换。有关冬季，长明同样利用雪的缘语"堆积"和"消融"，巧妙地将雪喻为"罪障"，即阻碍往生的罪恶行为。

有关《方丈记》"闲居"的四季描写，《方丈记宜春抄》等《方丈记》古注中均已指出是对白居易《草堂记》、庆滋保胤《池亭记》的模仿。

---

① 大星光史. 枕词"空蝉"考［J］. 国文学解释与教材研究，1969（14－4）：198－202；青木生子. 歌词"空蝉"［J］. 紫，1999（36）：60－65.

　　春有锦绣谷花，夏有石门涧云，秋有虎溪月，冬有炉
峰雪。

　　　　　　　　（《白氏文集》卷二十六·《草堂记》1472）

　　况乎春有东岸之柳，细烟嫋娜。夏有北户之竹，清风飒
然。秋有西窗之月，可以披书。冬有南檐之日，可以炙背。

　　　　　　（《本朝文粹》卷十二·庆滋保胤《池亭记》375）

　　白居易的《草堂记》列举了四季的代表性景物，洋溢着近在咫
尺就能欣赏到自然美景的欢欣。保胤在仿照《草堂记》"春有……
夏有……"的句式，借用白诗用词的同时，寄托于更加日常性的场
景，如"可以披书""可以炙背"等，来表达悠然自得、知足安分
的心境。二者皆置身于官场，同时又满足于现世的四季美景。同
样，《方丈记》"闲居"的四季描写，也依照春夏秋冬的顺序，列
举了藤花、杜鹃鸟、蝉、雪，其排列顺序完全忠实于和歌与汉诗的
季节感。但内容方面，运用"缘语"、比喻等和歌技巧及传统的和
歌素材，与生死、无常、罪孽消失等佛教世界建立联系，从中可见
长明的意图与创见。不仅仅停留于现世的四季景物，而是导向对西
方净土的憧憬与联想，这正是《方丈记》的"闲居"区别于以往
文学作品的特征之一。此处，可解读出遁世者长明的意图，是要极
力创作出一个连接现世与净土的"闲居"世界。

三、被视为净土的"闲居"

　　如上所述，在白居易的闲适诗中，与闲居相对的是官场。如
"身去缰锁累，耳辞朝市喧"（《白氏文集》卷五·闲适一·《养

拙》0200）、"何时解尘网，此地来掩关"（《白氏文集》卷五·闲适一·《秋山》0206）等诗句所述，白诗的闲居，是远离世间束缚、朝市喧闹的地方。而其中的"缰锁累""尘网"，正如"一列朝士籍，遂为世网拘"（《白氏文集》卷八·闲适四·《马上作》0347）所吟，指的是官场的羁绊，白居易认为官场即束缚和烦累之源。白居易闲适诗中的闲居，与官场形成了鲜明的对比，被塑造为逃离官场的好去处。

与此相反，长明却没有写明出家动机。为何继承祖母的家产之后，"亲缘崩坏，身世蓼落"，"更依心中所想，筑得一草庵"，又穷困潦倒？"行事每每不如愿"指的是什么？为何"烦心劳神"，又因何"渐知己身时运不济"，最终出家遁世？（433 页）从刻意回避具体细节、仅仅轻描淡写的自述经历中，读者很难解读出长明的内心世界。在其后的行文中，长明陆续写道：

> 既无妻小，自无牵挂难舍之亲情。身不居官，不食禄，又怎会执着于俗世？（433 页）
>
> 若无心念佛怠于诵经之时，可兀自休憩偷闲。如此，亦不曾有人前来咎责相扰，又无需赧颜愧对谁人。且不特缄口默言，只因一人独居，自无犯口舌罪过，而可得成就矣。（435 页）
>
> 琴艺固然拙糙，然并非为悦他人之听，故无伤大雅。独调素琴，独吟诗歌，自养吾性情而已。（435 页）
>
> 而今，吾为一己之身结此草庵，非为他人也。（436 页）
>
> 凡此种种闲居之乐，非为富贵者而言，而仅就吾一身，今昔对比所感而已。（437 页）

未能实现子承父业、取得期盼已久的河合社神职，长明非但不表露自己的忧愤，反而不断强调自身的独处。不仅运用"身不居官，不食禄，又怎会执着于俗世"等反问句式，还利用本应感伤的不遇和孤独，强调没有社会烦累的自由之身。如长明所描述的"独调素琴，独吟诗歌，自养吾性情"，是一种精神世界丰富、充满"情趣"的自由。这种自由，与白诗"唯此闲寂境，惬我幽独情"（《白氏文集》卷五十一·《北亭卧》2197）中陶醉于自我世界的"幽独"心境极为相似。而且，十分羡慕维摩甚至自称"净名翁"的白居易，曾经作过"酒肆法堂方丈室，其间岂是两般身"（《白氏文集》卷六十四·《拜表回闲游》3126）、"净名居士经三卷，荣启先生琴一张"（《白氏文集》卷二十·《东院》1332）等诗句，将自己的闲居称为方丈，讴歌"酒、琴、法堂、经典"相伴左右、半僧半俗且自由自在的空间。可见，意欲模仿"净名居士"的长明方丈庵"闲居"，受到白居易呈现的充满情趣的"方丈室"影响颇多。①

对长明而言官场仅仅是社会烦累的一种。从这个意义上说，《方丈记》的"闲居"记述，有别于白居易闲适诗中反复强调的对官场的反感。长明描绘的"闲居"，吸收了白诗摆脱社会束缚、世俗烦累，甚至不顾清规戒律，享受精神充实、随性的自由，却有意删除了强调远离官场的部分。这里蕴含着的不是自尊，而是长明自身的创作意图。有关出家动机的具体描写，"是对《方丈记》主题的极大损害，会将作品降格为低俗文学。……可以想见，他想立足

---

① 富原KANNA. "方丈"考［J］. 和汉比较文学，2005（35）：50-61.

更高一级的宗教性达观……而故意省略了'不如意'的描写。"①
因此，在"闲居"生活中，强调与官场的距离，抑或吐露官场不
遇，从佛教的观点来看，反而成为强烈在乎官场的证据，作为对官
场贪恋的表现亦应加以排除。即使舍弃了与官场的对照，《方丈记》
的"闲居"为何依然保持着与"都中"的对立关系？

> 吾因事之便，偶尔问及都中之事，闻知自吾深居山林以
> 来，显贵诸公作故者甚众。更何况位卑不足道者，亡故几多则
> 不可尽知。火事频发，其间焚毁房舍又知多少？唯吾暂得栖身
> 之草庵，竟能安然无忧。（436 页）

如上所述，长明凭借"无常"建立了"都中"与方丈庵"闲
居"的对立关系。所谓佛教的无常观，是指世上的一切事物都是变
化不定的。无论何人，无论身处何地，都不能摆脱"诸行无常"之
理。从这个角度来说，绝对安全之境是不存在的。而沉浸于闲居生
活的长明却认为"唯吾暂得栖身之草庵，竟能安然无忧"，将方丈
庵的"闲居"视为可以安居的场所。这虽然无法用佛教的无常观来
解释，却表明了长明对净土的独到见解。长明的净土思想通过贯穿
《方丈记》全篇的主题"人与住家"得以体现，"究应居何处，营
何事，方能使此身得少时安栖，令此心得片刻闲适哉"（433 页），
始终是长明不断摸索的课题。在他看来，保持精神的充实与安宁是
净土的必要条件。长明记述的"闲居"心境——"唯羡望宁静，

---

① 稻田利德. 面对"世"的视线［J］. 国文学解释与教材研究，1980（25 – 11）：
53 – 54.

且以无忧为乐"（436 页），恰恰是长明追求的"内心"的净土。长明对净土的思考，更多的是精神的、自我的东西。对于长明而言，"闲居"在成为隔绝世俗社会烦累手段的同时，也发挥了存在于现世净土的作用。不同于白居易逃离官场之地的闲居，长明的"闲居"是逃离都城，即逃离现世无常之地。长明依托"闲居"，试图超越以往文学作品中与官场相对应的隐逸式"闲居"，站在更高的立场创造自己的世界，也就是所谓的"现世中的自我净土"①。既非池亭亦非草堂，长明将自身的作品命名为《方丈记》，其意图是显而易见的。

四、不能替代净土的"闲居"

描述了闲居生活之后，长明赞美"闲居之意趣"曰：

倘若有存疑吾之所言者，且看鱼鸟之状。鱼不厌水。非鱼，则不解其乐水之心。鸟恋林木。非鸟，则不知其爱林之情。闲居之心情亦然。若非亲临山泽，闭关幽居，谁人得吾其中真趣哉！（437 页）

纵观白居易《池上篇（并序）》的"优哉游哉，吾将终老乎其

---

① 有关处于平安末期（院政开始至承久之乱结束）的隐遁者的净土意识，原田隆吉（参见原田隆吉. 平安末期隐遁者的净土［J］. 文艺研究，1952（10）：14.）通过对《发心集》《撰集抄》《闲居友》的考察，将当时隐遁生活的特征归纳为四点：一、遁世独处；二、修行；三、祈求来世净土；四、创建现世中的自我净土。生活在同一时代的遁世者鸭长明的闲居观、净土观，也是在上述净土意识变化的背景下形成的。

间"、前中书王《池亭记》的"去此何求",以及庆滋保胤《池亭记》的"我爱吾宅,不知其他",不难发现对闲居生活的赞美并不是长明的独创。可是,如《方丈记》终章所述:

> 佛祖有教诲,其旨曰:遇事勿生执着之心。而今,吾独爱吾草庵,是又为罪科矣。执意于闲寂之境恐亦成悟道之妨碍。吾岂可再述无益之乐事,空耗珍贵光阴哉?(438 页)

长明最终却利用"遇事勿生执着之心"的佛理否定了在日野山的隐遁生活中获得的"闲居之意趣",并反省了自身对草庵的喜爱、对闲寂之境的执着、对闲居生活的享受与赞美,这与先前赞扬"闲居之意趣"的昂然姿态大相径庭。就是这样一个连接现世与来世、可以逃离都中无常、如净土般的"闲居",长明究竟为何煞费苦心创造出来却又将其否定?就此问题,再次回顾《方丈记》终章。其开头写道:

> 且说月影西斜渐落山背,吾知余生亦已屈指可算。大限之期将至,此间正向幽冥而去罢。(438 页)

在此,长明将逐渐衰老的生命喻为渐渐下落、接近山背的明月。长明之所以能够意识到"闲居之意趣"的局限,转而否定"闲居",是源于对死的觉悟。正如《方丈记》所述:"闻知自吾深居山林以来,显贵诸公作故者甚众。更何况位卑不足道者,亡故几多则不可尽知。火事频发,其间焚毁房舍又知多少?"(436 页)与都中不分高低贵贱死者无数，频繁发生火灾导致房舍接连焚毁相比，方丈庵的"闲居"的确可视为净土。但此净土成立的前提是与都城相对而言的，并非绝对的净土。对于意识到死亡将至的长明，无法超越死亡的"闲居"的局限性是不言而喻的。

与白诗等以往的文学作品相比，《方丈记》的"闲居"更接近净土，但却不能成为真正的净土，而《方丈记》终章的"闲居"否定恰恰成了《方丈记》区别于以往文学作品的特征之一。这是长明佛教志向的鲜明表现，同时也是与以往文学作品不同立场的表明。

本节着眼于《方丈记》构成的非整合性，以与两个"世"——如地狱般充满自然灾害的"世"和充满社会秩序束缚、人际关系烦累的"世"——相对应的《方丈记》"闲居"为研究对象，着重考察了鸭长明笔下"闲居僧"形象的内心世界。《方丈记》"闲居"的四季描写遵循了和歌与汉诗传统的季节感，运用和歌技巧、传统素材与佛教世界建立联系，从中可见长明的意图与创见。不停留于现世的四季景物，而是导向对西方净土的憧憬与联想，正是《方丈记》"闲居"的特征之一。此外，不同于作为逃避官场之地的白诗的闲居，《方丈记》的"闲居"是逃避现世无常之地，是近似于净土的地方。将"闲居"视为通向净土之地，是《方丈记》"闲居"的最大特征。长明有意舍弃强调与官场距离的部分，试图超越以往与官场相对照的隐逸式闲居，在更高的层次创造自己的新世界，但却没能超越白诗中描写的兼顾佛道与情趣的"方丈室"。而最终，生命将尽的长明还是意识到了"闲居"的局限。虽然《方丈记》的"闲居"终究没能成为真正的净土，但对

"闲居"的否定，正是区别于以往文学作品中"闲居"的不同立场的表现。

　　鸭长明《方丈记》中所描写的对"闲居"先赞美后否定的态度，恰恰反映了"闲居僧"内心世界的矛盾，这与本书第三章所阐述的"诗僧""歌僧""数奇者"所面对的文学艺术与佛道修行的矛盾是一脉相承的。在《方丈记》中，鸭长明似乎并未找到解决上述矛盾的途径，但在继《方丈记》不久之后长明所著的佛教说话集《发心集》中，鸭长明提出了独特的数奇本质论，成功解决了"闲居"生活中的和歌、管弦与佛道修行之间的矛盾。

第五章

中国高僧传与日本独特的"遁世者"形象的形成

如第四章所述，以庆滋保胤为代表的摄关期部分文人官僚，在摄关政治和学阀的双重压迫下不堪重负，他们虽然向往"闲居"所代表的白居易中隐生活，但在现实生活中不得不放弃仕途，选择出家之路。而另一方面，平安时代（794—1185 年）中期以后，随着律令制的瓦解、贵族社会发展的停滞，寺院体制也开始变质。僧官的世袭化、寺僧的阶级分化日益严重，主要寺院逐渐变为巨大的阶级社会，由此导致脱离世俗化寺院、既成教团体制的遁世僧的大量涌现。① 在庆滋保胤的《日本往生极乐记》、源为宪的《空也诔》、大江匡房的《续本朝往生传》、三善为康的《拾遗往生传》《后拾遗往生传》等文人官僚陆续执笔、编纂的往生传、诔文中，出现了大量活跃在寺院、既成教团体制之外的宗教者的相关记录，并尊称

---

① 冈野浩二. 奈良・平安时代的出家——从"官僧・私度僧"到"官僧・遁世僧"［M］服藤早苗. 王朝的权力与表象——学艺的文化史（丛书・文化学的越境 4）. 东京：森话社，1998：12 – 51. 其中，有关遁世僧的共同特点，冈野列举了三点：一、从所属寺院移居他处；二、脱离僧纲或寺内职务，不再参加官方法会；三、重视戒律，开展基于信仰的实践活动。

其为"圣"。将体制外的宗教者纳入记录的对象，显示了当时贵族阶层价值观的变化。① 本章主要围绕上述体制外的宗教者，在阐明"遁世"一词词义变迁的基础上，考察日本僧传文学中以遁世僧为原型塑造的僧侣形象与中国高僧传之间的影响关系，进而探究中国高僧传在日本独特的"遁世者"形象的形成过程中所发挥的作用。

第一节 "遁世"用语史小考

出自中国典籍的"遁世"一词，如何被日本接受，其词义发生了怎样的变化，其词义变化与日本出家形态的变化之间又有怎样的关联？关于"遁世"的定义和分类，有很多先行研究论及。② 其中，小林升从比较的视点考察了传入日本的"遁世"概念的具体变化。③ 据小林的研究，"遁世"一词本出自中国的古典，意思是不求功名利禄，或放弃公职俸禄，与以佛道修行的出家并没有混同。而传入日本的"遁世"，至平安中期，作为出家的同义词开始被使用，进入镰仓时代（1185—1333 年），伴随着出家形态的变化，

---

① 大隅和雄．古代末期价值观的变动［M］大隅和雄．中世佛教的思想和社会，东京：名著刊行会，2005：61.

② 大隅和雄．关于遁世［J］．北海道大学文学部纪要，1965（13 - 2）：65 - 123；目崎德卫．出家遁世［M］．东京：中央公论社，1976；安良岗康化．遁世者的文艺及其展开［J］．专修国文，1982（31）：1 - 33；小林升．遁世和遁世者［M］小林升．中日历史观与隐逸思想．东京：早稻田大学印刷所，1983。上述先行研究一致认为，"遁世"是指脱离世俗、进入寺院，又将寺院视为第二个俗界而离开，即二重出家或再出家。

③ 小林升．遁世和遁世者［M］小林升．中日历史观与隐逸思想．东京：早稻田大学印刷所，1983.

"遁世"也发生了词义变化，特指脱离寺院体制的僧侣出家。通过上述先行研究可知，论及"遁世"的概念、词义时，往往都要与出家相提并论。那么，"遁世"一词的本义究竟是否含有出家的意思？出家与遁世相混同的诱因何在？本节在把握中国古代典籍中的"遁世"本义的基础上，将通过对日本古代的史料、文献中"遁世"的用语史考察，探究传入日本的"遁世"与出家相结合的原因。

一、中国古代典籍中的"遁世"

"遁世"一词，较早出现在《周易·乾》中，通过以下用例可了解"遁世"的本义。

> 初九曰："潜龙勿用。何谓也？"
> 子曰："龙德而隐者也。不易乎世，不成乎名。遁世无闷，不见是而无闷。"

此处的"潜龙"，正所谓"龙德而隐"，即具有帝王的资质却不就帝位的隐者。脱离政治、不追名逐利、保持高风亮节的"遁世"，恰恰是隐逸应有的状态。《艺文类聚》（卷三十六·人部二十·隐逸上）的开篇，便引用了"周易曰，遁世无闷"。此外，《礼记·中庸》"君子依乎中庸，遁世不见知而不悔，唯圣者能之"中，也可见"遁世"的类似用例。而《文选》（第十八卷）所收嵇康《琴赋（并序）》曰："于是遁世之士，荣期绮季之畴，乃相与登飞梁，越幽壑，援琼枝，陟峻崿，以游乎其下。"此处的"遁世之士"，指的是荣启期、绮里季等隐居山林的隐者。另外，在《艺文类聚》（卷十三）谢灵运的宋武帝诔文中，援引《周易》的"龙德而隐"，用"皇之遁世"比喻帝王离位。同样在《艺文类聚》（卷十三）汉杨雄《逐贫赋》中，还可见"杨子遁世，离俗隐处"等用例。

通过上述考察可知，《周易》《礼记》等经书，以及《文选》等文学作品中的"遁世"，原是脱离政治、远离官场之意，揭示了隐逸应有的状态，是与隐逸密切相关的隐逸表现。"遁世"之"世"，并非指一般的世俗，而是指官场、政治。"遁世"的本义与出家等佛教行为并不相关。然而，与本书第一章第二节所探讨的"方丈""闲居"等隐逸表现相同，随着佛教中国化的推进，"遁世"一词也散见于《高僧传》《弘明集》等佛教相关著述中。例如，收录于《高僧传》东晋的慧远法师所著《沙门不敬王者论》中有如下阐述：

> 二曰《出家》：谓出家者能遁世以求其志，变俗以达其道。变俗则服章不得与世典同礼，遁世则宜高尚其迹。

"遁世以求其志，变俗以达其道""遁世则宜高尚其迹"两句所依据的分别是《论语·季氏》"隐居以求其志，行义以达其道"，以及《周易·蛊》"不事王侯，高尚其事"。有关此处的"遁世"，据小林的见解并不是皈依佛门，而是拒官不仕之意。① 查阅收录《沙门不敬王者论》全文的《弘明集》可知，上述引文之前，有这

---

① 小林升.遁世和遁世者［M］//小林升.中日历史观与隐逸思想.东京：早稻田大学印刷所，1983：347.

样的记述——"若斯人者，自誓始于落簪，立志形乎变服"，揭示了作者慧远布教的对象。"落簪"的"簪"，是古代官人绾定发髻或冠的长针。不用一般民众出家时惯用的"落发"，而用"落簪"，应是模仿"抽簪解朝衣，散发归海隅"（《文选》卷二十一·张景阳《咏史诗》）、"踌躇足力烦，聊欲投吾簪"（《文选》卷二十二·左太冲《招隐诗二首》其一）等表述，以迎合出仕文人的隐逸志向。而"变服"是指将"朝衣"改为僧衣。如本书第一章所述，在老庄思想盛行的魏晋南北朝时期，通过老庄、隐逸来理解佛教、出家，借用隐逸表现来描述僧侣等现象屡见不鲜。慧远同样从"不事王侯"这一出家和隐逸的共同点出发，援用《论语》《周易》等文人所熟知的表达隐逸志向的语句，并舍弃其中"隐居""行义"等带有隐逸、儒家色彩的词语，而替换成与隐者相关，又与出家相调和的"遁世"一词，来极力动员文人官僚，即最初的布教对象皈依佛门。将人们不熟悉的出家行为比作熟知的"遁世"，来倡导崇尚传统隐逸之风的文人出家信佛，可谓因材施教，不得不赞叹慧远布教方法的巧妙。东晋慧远所著《沙门不敬王者论》中的"遁世"，可谓与出家相关联的最早用例。

而至唐道宣撰《续高僧传》，出现了用"遁世"一词表示出家僧侣的用例，其中（卷十九）《唐京师化度寺释僧邕传》载："年有十三违亲入道。于邺西云门寺依止僧稠而出家焉。"师傅向其传授禅法后，僧邕"仍往林虑山中"，独自开始深山修行。其后，有位叫信行的禅师劝僧邕出山。

有魏州信行禅师深明佛法，命世异人。以道隐之辰，习当

193

根之业。知邕遁世幽居，遣人告曰："修道立行，宜以济度为先，独善其身，非所闻也。宜尽弘益之方，昭示流俗。"乃出山与行相遇，同修正节。开皇九年，行被召入京，乃与邕同来，至止帝城，道俗莫匪遵奉。

上述记录中，僧邕的山林修行被称作"遁世幽居"。由"修道立行，宜以济度为先，独善其身，非所闻也。宜尽弘益之方，昭示流俗"的表述显示，信行法师对僧邕不顾及民众的救济而优先自身修行的行为持批判态度。此处，将出家后独自在山林修行的僧侣行为称为"遁世"，与表示"不事王侯"，即辞官不仕、隐居山林的隐者行为的本义相比，已经发生了词义变化。

通过上述对中国古代典籍中"遁世"的考察可知，"遁世"一词最初是与隐逸密切相关的，指放弃以帝王之位为代表的官位，揭示了隐逸应有的状态。到了老庄与佛教交流融合的魏晋南北朝时期，出现了将出家比拟成"遁世"，利用文人的隐逸志向宣扬佛教的言论。进而在唐代的僧传文学中出现了将出家后独自在山林修行的僧侣行为称为"遁世"的用例。"遁世"一词的本义与佛教并无关联，但随着佛教中国化的推进，老庄与佛教的不断融合，"遁世"与出家的关联以及"遁世"的词义变化在中国本土已经产生了。

二、日本古代典籍、汉诗文中的"遁世"

中国古代典籍中的"遁世"一词传入日本，较早见于《日本书纪》（卷二十八）天武天皇元年（672 年）五月是月条"朕所以让位遁世者，独治病全身，永终百年"。这是大海人皇子（之后的天武天皇）感到人身安全受到威胁，以病为由让出皇子之位的诏书。表示让出皇位的"遁世"，也可见于《经国集》（卷十·32）《和藤是雄旧宫美人人道词》中太上天皇（嵯峨天皇）的"遁世明皇出帝畿，移居旧邑遣岁时"、《本朝文粹》（卷十·298）菅原辅昭《春日同赋隔花遥劝酒应太上皇制》的诗序"盖我太上皇，睿赏宸游之地也。自彼遁世揖尊，逐处占静，云云"、同书（卷十·306）大江朝纲《暮春同赋落花舞衣各分一字应太上皇制》的诗序"盖太上皇遁世之别馆也"，等等。以上"遁世"用例中的"世"，具体指皇位，与中国古代典籍中表示放弃以帝王之位为代表的官位的"遁世"本义是一致的。而多用于太上天皇是日本"遁世"的特征之一。

然而，在《本朝文粹》愿文的用例中，"遁世"的词义却发生了变化。例如，庆滋保胤的《为二品长公主卌九日愿文》（《本朝文粹》卷十四·419）中，有如下记述：

> 不以受恩宠为荣，唯以逃俗尘为志。（中略）去月十九日，请故延历寺座主大僧正良源，为戒师，终以入道焉。凡此界古今妇人之出家也，或及暮龄为寡妇，或多愁患无依怙之人等也。公主者，先太上皇之女，后太上皇之妃，今上陛下之姊。于天下不亦贱。桃李无衰色，桑榆非斜晖，何其遁世之太疾乎。

此愿文对比了志在脱离俗尘的公主出家与一般的妇人出家，对年轻的公主过早出家表示惋惜。此处的"遁世"指的是高贵的公主放弃世俗的荣华而出家。据小林的推断，保胤的这篇文章应是"遁世"一词作为出家的同义词使用的首例。① 此外，还有很多用作出家之意的"遁世"用例。

> 圣灵遁世之初十九，释尊盖乃二十九。（《本朝文粹》卷十四·416《花山院册九日御愿文》大江以言）
>
> 亡考遁世之昔，初斯尘，圣上御寓之今，强追彼踪，云云。（《本朝续文粹》卷四·庆滋为政）
>
> 禅让之后，遂以遁世。（《续本朝往生传》卷二《后三条天皇》大江匡房）

有关《续本朝往生传》中大江匡房记述的后三条天皇的用例，参照《扶桑略记》延久四年十二月八日条"天皇春秋三十九，让位于皇太子贞仁亲王"、同五年四月二十一日条"太上皇由御恼重出家入道"等史实记载可知，天皇的"遁世"并非让位而是出家。小林认为 10 世纪末"遁世"开始作为出家的同义词被使用②，至于"遁世"的词义因何发生变化，其词义变化的诱因究竟是什么，却并没有论及。这些文章均出自劝学会成员之手，或可成为解开上述疑问的线索。也就是说可以推断，以庆滋保胤为代表的劝学会会众所作愿文为开端，出现了"遁世"等同于出家的词义变化。尤其

---

① 小林升. 遁世和遁世者［M］//小林升. 中日历史观与隐逸思想. 东京：早稻田大学印刷所，1983：349.

② 小林升. 遁世和遁世者［M］//小林升. 中日历史观与隐逸思想. 东京：早稻田大学印刷所，1983：350.

值得关注的是，保胤愿文中将"遁世"混同为出家的首个用例。在本书第三章中，曾提及庆滋保胤编写了日本首部往生传，即《日本往生极乐记》。而其执笔契机，便是与唐代僧迦才撰述的《净土论》、唐代沙门文谂和僧少康共通编纂的《往生西方净土瑞应传》等两部著述的邂逅。《往生西方净土瑞应传》的卷首，排列的是《沙门不敬王者论》的著者慧远的传记。纵观唐代两部往生传的内容，《净土论》采用的是问答式，而非传记形式；《往生西方净土瑞应传》虽采用了传记形式，但关于传主经历的记述相对简洁，而对生前的逸闻及往生时的灵异现象却不吝笔墨。而反观《日本往生极乐记》，传记包括传主俗姓、出身、为官经历（出家经历）、性格、逸闻、往生时的灵异等，虽有省略，但均按照一定的格式记述。尤其是俗姓一项在唐代两部往生传中均无记载，由此可推测，《日本往生极乐记》的编纂虽然是以与唐代两部往生传的邂逅为契机，但是其记述形式所参照的，应该是中国的高僧传，尤其是明确记录"俗姓"一项的《续高僧传》。对于能够获得大陆往生传的庆滋保胤而言，接触到同为佛教相关的高僧传等书籍也并非难事。按照这个思路推测，保胤很有可能注意到慧远《沙门不敬王者论》中"谓出家者能遁世以求其志，变俗以达其道"等与出家相关联的"遁世"用例。

虽然只是推测，但保胤应该是受到中国高僧传中发生词义变化的"遁世"用例的影响，将"遁世"作为出家的同义词使用的。进而在平安中期以后，伴随着出家形态的变化，"遁世"由隶属寺院的出家转变为特指脱离寺院的僧侣的再出家，即所谓的二重出家。那么，传入日本的"遁世"是如何变为理想的出家形态的？下面，将通过日本的说话集、往生传中记录的"遁世"相关形象的变化进行阐释。

第二节　脱离寺院和教团的遁世僧

如上所述，脱离寺院、活跃于既成教团之外的二重出家僧，在平安中期以后，逐渐涌现。本是在寺院进行宗教实践的僧侣为何脱离了寺院？正如大隅和雄所述，"王法即佛法的思想、佛教镇护国家的作用使佛教失去了原有超越世俗的本质，寺院不是宗教化的而是世俗化的，僧位僧官除了表示现世的延伸之外毫无任何意义。……寺院的经济基础及其经营，也将其逼上了世俗化的道路。"① 也就是说，寺院的世俗化是导致僧侣脱离寺院的主要原因。寺院的世俗化具体是指"教团世俗化、僧兵跋扈、领导层转化为门阀的私权等事态"②。二重出家僧与民间布教者同属遁世僧，并被尊称为"圣"。本节主要围绕遁世僧的文学形象塑造，通过对日本平安时代中后期相关传记文学的考察，探究遁世僧的形象特征，进而阐明以记录者为代表的当时社会所推崇的理想僧侣形象。

一、辞退僧官的玄宾

有关玄宾的传记，据《元亨释书》记载，"释玄宾，姓弓削

① 大隅和雄．古代末期价值观的变动［M］//大隅和雄．中世佛教的思想和社会，东京：名著刊行会，2005：68.
② 井上光贞．圣·沙弥的宗教活动［M］//井上光贞．日本净土教成立史研究．井上光贞著作集：第七卷．东京：岩波书店，1985：240.

氏，内州人，禀唯识兴福寺宣教，性厌嚣尘，锐行勤业"。上述内容，勾勒出一名具有反骨精神、精进佛道的纯学问僧的形象。玄宾于大同元年（806 年）四月二十三日任大僧都（《日本后纪》），"弘仁五年，遁去。住备中国汤川山寺"（《僧纲补任》）。如上，在学问僧的基础上，又增加了拒绝名利、山林隐遁的形象。有关玄宾山林隐遁的时代背景，西村稔列举了"奈良朝以来的佛教改革政策"以及"崇尚老庄式的隐逸思想"。① 有关改革奈良佛教弊端的宗教政策，通过《续日本纪》（卷三十）宝龟元年（770 年）十月丙辰二十八日条可见一斑。

　　僧纲言，奉去天平宝字八年敕。逆党之徒，于山林寺院，私聚一僧已上。读经悔过者，僧纲固加禁制。由是，山林树下，长绝禅迹。伽蓝院中，永息梵响。俗士巢许，尤尚嘉遁。况复出家释众，宁无闲居者乎。伏乞，长往之徒，听其修行，诏许之。

如"逆党之徒，于山林寺院，私聚一僧已上"所述，对于私度僧，国家通过向僧尼颁发作为身份证明的公验、颁布取缔不正当僧尼身份的法令等进行控制。② 结果，却导致"山林树下，长绝禅迹。伽蓝院中，永息梵响"的状态。因此，僧纲借用隐者巢父许由

---

① 　西村稔. 玄宾僧都观的变迁［J］. 园田学园女子大学论文集，1974（9）：16.
② 　例如，《续日本纪》（卷十一）天平六年（734 年）十一月戊寅二十一条记载："其取僧尼儿诈作男女。令得出家者。准法科罪。所司知而不正者与同罪。得度者还俗。"

山林隐逸的例子，来劝诱僧侣山林闲居。除了居于官寺、以镇护国家为己任的僧侣，即所谓官僧①以外，私度僧的山林修行也受到了国家的允许。此处的"闲居"，如本书第一章所述，并非隐者之"闲居"，而是专心佛教修行的条件和方法的僧侣之"闲居"。下面，将通过嵯峨天皇的御制诗，分析玄宾形象中的遁世要素。据《日本后纪》（卷二十三·逸文）弘仁五年五月二十三日条记载，"遣使赐玄宾法师御制诗，兼施物卅段"。相关的御制诗收录于《凌云集》：

> 《赠宾和尚》（《凌云集》）
>
> 宾公遁迹星霜久，万事无情爱寂然。
>
> 水月寻常冷空性，风雷未敢动安禅。
>
> 苦行独老山中室，盥漱偏宜林下泉。
>
> 遥想焚香观念处，寥寥日夜对云烟

嵯峨天皇借此诗表达了对品德高尚的苦行僧玄宾的思慕与赞美。玄宾山林修行的形象通过"遁迹""爱寂然""独老山中室"等表现得以体现，与山林闲居的隐者形象极为相似。同时，与《续高僧传》（卷十九）《唐京师化度寺释僧邕传》中记录的"遁世幽居"的释僧邕形象亦有重合。玄宾弘仁九年（818 年）辞世之际，嵯峨天皇在御制悼念诗中倾吐了悲痛之情。

---

① 有关官僧，松尾刚次将其规定为"由拥有国家祭祀权的天皇承认具有镇护国家资格的僧人"。详见松尾刚次. 镰仓新佛教的成立——入门礼仪与祖师神话 [M]. 东京：吉川弘文馆，1988：15.

《哭宾和尚》（《文华秀丽集》）

大士古来无住着，名山晦迹老风霜。

随缘化体厌尘久，归正真机忽灭亡。

松掩旧庵犹郁茂，草暗新塔渐荒凉。

生前罗席空留月，没后金烛谁添香。

禅林时见摧枝干，梵宇长怀失栋梁。

缁素共愁面礼罢，遥遥仰拜向西方。

由首联可知，玄宾因常年居无定所、隐居深山，受到众人的敬仰。如"禅林时见摧枝干，梵宇长怀失栋梁"所咏，玄宾的圆寂对于佛教界而言，意味着失去了一个"栋梁"，而对于朝廷而言，则意味着失去了一位"贤才"。在嵯峨天皇的诗境中，玄宾由深山修行、德高望重的僧侣化身为山林隐逸的高洁隐者，成为受人敬仰的"圣"。御制诗所吟咏的玄宾形象中，已具备了不在寺院居住、独自在山林修行等遁世僧的要素。

随着时代的推移，至院政期《江谈抄》（第一·佛神之事）中的玄宾传记，扩大并强化了对辞退僧官部分的记述。

（四六）玄宾，辞退律师之事

又云，"弘仁五年，玄宾初任律师。辞退之歌云：三轮川之水，清澈任意流。洗我衣衫袖，岂可更污浊。"

（四七）同辞退大僧都之事

又云，"辞大僧都歌云：畿外山水清，京内事情多。劝君早离去，都城不宜居。"

　　《江谈抄》是根据大江匡房（1041—1111 年）的谈话，由藤原
实兼（1085—1112 年）笔录而成的说话集。大江匡房与源俊赖并
称院政期文坛的双璧。藤原宗忠曾在《中右记》中对大江匡房有如
下评价："匡房所为，奇也怪也。世间之人为文狂欤，可谓物怪欤。
凡暗记录世间事，或有僻事，或有虚言，为末代诚不足言也。"大
江匡房被称为"文狂""物怪"，可见是文人中的异端。如此的大
江匡房所关注的焦点，是玄宾二度辞退僧官的行为。玄宾辞退律师
之际所咏和歌"三轮川之水，清澈任意流。洗我衣衫袖，岂可更污
浊"，依据佛经的三轮清净偈，表达了在三轮川河畔隐遁之身，不
愿再被世俗沾染之意。此歌相继被《袋草纸》《发心集》《古事谈》
等引用，成为后世说话的素材。而玄宾辞退大僧都时，也表达了离
开京都、不问世事的类似心境。《江谈抄》中有关玄宾的话题，与
之前相比并没有多大的展开。但在篇幅有限的"佛神之事"门类，
从众多名僧中选中玄宾，并连续两则记载其言行，可视为对脱离官
寺、教团的世俗体制，辞退僧官这一现世名利，独自隐居山林的高
洁行为的一种价值肯定。在之后的《发心集》《撰集抄》等后世的
说话文学中，玄宾最终被塑造成了遁世的理想形象。[①] 玄宾说话被
置于鸭长明《发心集》的卷首，并冠以"玄敏僧都遁世逐电之事"
的题目，成为首个用"遁世"命名的说话，奠定了玄宾"遁世圣
之元祖"[②] 的基础。有关《发心集》中的玄宾说话，详见本章第三
节的考察。

---

　　①　伊藤博之. 撰集抄中的遁世思想［J］. 佛教文学研究，1967（5）：173－194.
　　②　益田胜实. 伪恶的传统［M］//益田胜实. 火山列岛的思想. 东京：筑摩书房，
　　　　1968：233.

二、朝市念佛的空也

空也（903—927 年）作为民间净土思想布教者的嚆矢声名远播。有关空也的传记史料极为有限，如三善道统的《为空也上人供养金字大般若经愿文》（《本朝文粹》卷十三·409）、源为宪的《空也诔》、庆滋保胤的《日本往生极乐记》所收《沙门空也传》。下面，通过上述三种史料中所载的出家方式、称号、布教活动的考察，分析空也形象的特征。

首先，有关出家方式，《空也诔》[①] 中有详细记载。

少壮之日，以优婆塞、历五畿七道，游名山灵窟。

春秋廿有余，于尾张国国分寺，剃落鬓发。空也者，自称之沙弥名也。

天历二年四月，登天台山，从座主僧正法印和尚位延昌，师事之。僧正，感其行相，推令得度。登戒坛院，受大乘戒。度缘文名注光胜。然不改沙弥之名。

由上述内容可知，《空也诔》分在家信徒、沙弥、僧侣等三个阶段记述了空也的经历。年轻时的空也以在家信徒"优婆塞"的身份游历了全国的名山、庙宇，进行山林修行。二十多岁后，于尾张国国分寺剃发私度，并自称空也作为沙弥名。天历二年（948 年）四月，登比睿山，师从于天台座主延昌，并登戒坛院，受大乘戒，

---

① 《空也诔》的原文引自工藤美和子. 空也诔与《三宝绘》的构造和差异［M］//工藤美和子. 平安期的愿文与佛教世界观. 京都：思文阁出版，2008.

成为正式的僧侣，法号"光胜"。由末尾"然不改沙弥之名"一句可知，空也这一私度名终生未改。平林盛得认为，空也的私度是划时代的，原因主要在于其敢于反抗既成教团、摆明民间布教的立场。① 而《日本往生极乐记》中的《空也传》，描写了空也作为在家信徒进行布教活动的日常，却在临终之际首次将其描写成僧侣的形象。为宪与保胤两位文人对空也的私度以及民间布教者的立场都十分关注。可以说空也的平民性是异于贵族色彩浓厚的佛教界的显著特征。空也对世俗化的寺院、教团的反抗姿态，在成为正式僧侣之后也未曾改变。据三善道统的《愿文》所载，空也为了完成金字大般若经的书写供养，坚持了多年的劝进活动。终于，"长安洛阳，贵贱上下，共致皈依"，空也得到了社会各阶层民众的布施，如愿举办了法会。不接受权门贵族的庇护，而是凭借一己之力完成写经、供养法会，彰显了作为民间布教者的空也，对权门贵族以及世俗化的佛教界的反抗精神。

有关空也"市圣""阿弥陀佛圣"等称号的由来，《空也诔》记述如下：

> 天庆元年以来，还在长安。其始也，市店乞食，若有所得，皆作佛事，复与贫患。故俗号市圣。又寻常时，称南无阿弥陀佛，间不容发。天下亦呼为阿弥陀圣。

保胤《日本往生极乐记》的《空也传》中也有"口常唱弥陀

---

① 平林盛得. 民间净土思想的展开——从空也到永暹［M］//平林盛得. 圣与说话的史学研究. 东京：吉川弘文馆，1981：202.

仏，故世号阿弥陀圣，或住市中作佛事，又号市圣"等类似记述。
"市圣""阿弥陀佛圣"的称号，准确概括了空也布教活动的特征。
既非深山，亦非寺院，而是在京都的市井口称念佛，这种奇特的布
教形式可谓空也首创。就此，平林盛得调查了有关空也的各种资
料，虽然未找到确凿的史料，还是认为空也奇特的布教形式并非其
自身所创，空也布教的思想脉络应追溯到中国的净土教系。① 保胤
也是因与《净土论》《往生西方净土瑞应传》两部中国往生传的邂
逅，才得以执笔《日本往生极乐记》的。也就是说，空也与保胤具
有同样的思想基础。因此，保胤在《空也传》的末尾，附加了如下
赞文，也是《日本往生极乐记》所收传记中唯一一篇附赞的，显示
出编撰者对空也独特的青睐。

　　呜呼上人化缘已尽，归去极乐。天庆以往，道场聚落修念
佛三昧希有也，何况小人愚女多忌之。上人来后，自唱令他唱
之，尔后举世念佛为事，诚是上人化度众生之力也。

在三善道统的《愿文》中，也可见"以先彼后我之思为思，
以利他忘己之情为情。薜服防风之外，更企何谋。麻餐送日之中，
复施何力。曾无一钵之储，唯唱十方之志"等赞美之辞，表达了作

---

① 平林盛得. 试论民间净土思想的系谱——空也布教的背景［M］//平林盛得.
圣与说话的史学研究. 东京：吉川弘文馆，1981：122. 平林在该文中提及中国
踊跃念佛之鼻祖少康，并列举了《宋高僧传》卷二十五中有关少康布教的相关
记载："泊到睦郡入城乞食得钱，诱掖小儿，能念阿弥陀佛，一声即付一钱，后
经月余孩孺蚁慕念佛，多者即给钱，如是一年，凡男女见康则曰阿弥陀佛……
即高声唱阿弥陀佛，佛从口出，连诵十声十佛，若连珠状。"

者对以救济百姓为己任的空也的高度评价。

对致力于民间布教的空也，保胤、道统等中下级贵族文人产生了强烈的共鸣，这与他们共同的思想基础——净土思想有很大关系。同时，空也"先彼后我""利他忘己"，竭尽全力救济百姓的想法，与始见于《孟子》、后被白居易《与元九书》援用的"独善""兼济"理论所提倡的"兼济天下"也有共通之处。① 另外，在京都的大街小巷边乞讨边布教的空也"市圣"形象，也类似于《文选》（卷二十二）王康琚《反招隐诗》"小隐隐陵薮，大隐隐朝市"中所称的"大隐"形象。② 这些中下级贵族文人笔下塑造的空也形象，与其共有的汉文学素养密不可分。对既成教团以及受贵族庇护的佛教社会抱有反抗意识的民间布教者空也，带有遁世的性质，这恰恰符合被排挤出贵族社会核心的中下级贵族的文学观。也正因如此，空也形象才会在《宝物集》《发心集》《古事谈》等后世诸多说话集中不断出现。在上述关于空也的平安中后期说话中，自始至终都没有出现"遁世"一词，也没有出现"遁世"的相关表现，但其称号"市圣"显然已包含了"遁世"的要素，概括了在寺院、既成教团体制外进行宗教活动的宗教者的其中一种类型。从古代向中世过度的院政期，正处于社会动荡变革时期，在继承王

---

① 参见大曾根章介．"兼济"与"独善"——隐逸思想的考察［M］//大曾根章介．大曾根章介日本汉文学论集：第一卷．东京：汲古书院，1998：254. 大曾根章介在该文中就源信作《观心略要集》中的"然而志深弘阐，思切兼济"提出了富有启发性的见解。他认为："源信用'兼济'一词表现普度众生，即精神上的救济。倡导来世往生的佛教与致力于改善现世生活的儒教虽有本质的不同，但视'兼济'为人民的救济这一点上还是存在相通之处的。"
② 工藤美和子．平安期的愿文与佛教世界观［M］．京都：思文阁出版，2008：213－214.

朝传统文化的同时，文学创作活动将焦点由传统文化的中心向外部、"他者"① 的转移，反映了院政期文人价值观的变化。②

三、佯狂遁世的增贺

在空也作为民间布教者活跃在京都的几乎同一时期，增贺离开比睿山隐居多武峰，并作为"圣"开始博得民众的信奉。增贺（917—1003 年）是平安中期天台宗的高僧，生于延喜十七年（917年）③，参议橘恒平之子。据《大日本国法华经验记》（卷下·82）"年及十岁。登比睿山。作天台座主慈惠大僧正弟子毕矣"，增贺于延长四年（926 年）十岁的时候，登比睿山，师从良源（912—985年）。之后，据《多武峰略记》"至应和三年七月。依入道君如觉劝。始入谈岑"，于应和三年（963 年）在藤原高光的劝诱下移居多武峰。长保五年（1003 年）六月九日圆寂，享年 87 岁（《续本朝往生传》12）。增贺的人物特征突出体现在历代往生传、说话集中记录的诸多奇行。本书第二章第三节曾经考察了遁世僧增贺文学形象的塑造与中国高僧传中"狂僧"形象的影响关系。在此，将重点关注增贺传中"遁世"一词所发生的语义变化，进而阐明遁世僧的形象特征。

《大日本国法华经验记》中有如下相关记述，明确将增贺的言

---

① 小峰和明：《"他者"的发现》（见小峰和明. 院政期文学论［M］. 东京：笠间书院，2006）一文指出，作为院政期文学创造媒介的"他者"，指的是异国、异地、神佛、异能。
② 大隅和雄. 古代末期价值观的变动［M］//大隅和雄. 中世佛教的思想和社会. 东京：名著刊行会，2005：61.
③ 据《续本朝往生传》所记录增贺享年推算。见井上光贞、大曽根章介校注. 往生传 法华验记［M］. 东京：岩波书店，1974：238.

行称之为"遁世"。

> 厌出仮利生，背名闻利养，遁世隐居为其志耳。冷泉先皇请为护持僧，口唱狂言，身作狂事，更以出去。国母女院敬请为师，于女房中发禁忌麑言，然又罢出。如此背世方便甚多。乃至去叡山众处，厌花洛寻多武峰，闭迹笕居。

增贺隐居多武峰的事实，如平林盛得所指，是以拒绝出席良源策划的于应和三年（963 年）八月在宫中清凉殿举办的宗论为直接起因的。① 增贺拒绝出席宗论的行为，是对师父良源贪图荣华、寻求庇护而有意接近摄关贵族的一种批判态度的表明。此处虽未提到师父良源及应和宗论，但厌恶名利、专心致力于佛道修行的增贺，恰恰与贪图名利荣华的师父良源形成了鲜明的对比。增贺此举，被称为"遁世隐居为其志"，即"遁世"。由本章第一节对"遁世"一词的用语史考察可知，自庆滋保胤的《为二品长公主册九日愿文》（《本朝文粹》卷十四·419），"遁世"一词开始作为出家的同义词使用，而从"禅让之后，遂以遁世"（《续本朝往生传》卷二《后三条天皇》大江匡房）等同类"遁世"的用例中不难发现，"遁世"的主体是公主、天皇等在俗之人。值得关注的是，《大日本国法华经验记》中的这例"遁世"却有所不同。登上比睿山、作为良源的弟子成为正式僧侣之后，增贺仍然以"遁世隐居"为其志，并最终离开比睿山，隐居多武峰，实现了"遁世"的夙愿。可

---

① 平林盛得. 增贺多武峰隐栖前后［M］//平林盛得. 圣与说话的史学研究. 东京：吉川弘文馆，1981：72.

见，此处的"遁世"，已不再是出家的同义词，而是特指脱离寺院的僧侣的再出家，即所谓的二重出家。由此可以推断，至少在《大日本国法华经验记》成书的"长久之年季秋"① （1040—1044 年），"遁世"已成为较出家入寺更加理想的出家方式。引用部分简短的内容，却刻画出遁世僧增贺的鲜明特征。其一，是"背名闻利养"，即淡泊名利。其二，是"闭迹笼居"，即山林独居。其三，是不畏权贵，敢于抗拒宫廷皇室。其四，是行为放达，无视清规戒律。上述特征具体表现在"口唱狂言，身作狂事""发禁忌麁言"等种种佯狂奇行。这些佯狂奇行，被称为"背世方便"，其实质是对世俗权贵的一种抗拒行为。可见，增贺奇行是作为脱离比睿山、前往多武峰遁世隐居的权宜之计而故意表演出来的，是批判日益世俗化的寺院体制的一种极端表现。虽然据平林考证，这些增贺奇行是虚构的②，但虚构部分恰恰反映了当时记录者心目中理想的遁世僧形象。

增贺传中的"遁世"用例，与本章第一节所引《续高僧传》（卷十九）《释僧邕传》中"遁世幽居"的用例可以说是一脉相承的。

有魏州信行禅师深明佛法，命世异人。以道隐之辰，习当根之业。知邕遁世幽居，遣人告曰："修道立行，宜以济度为

---

① 镇源．大日本法华经经验记 序［M］//井上光贞、大曾根章介校注．往生伝 法华验记．东京：岩波书店，1974：44.
② 平林盛得．对增贺僧奇行说话的探讨——《法华验记》《今昔》《续往生传》之对比［M］//平林盛得．圣与说话的史学研究．东京：吉川弘文馆，1981：269－271.

先，独善其身，非所闻也。宜尽弘益之方，昭示流俗。"乃出
山与行相遇，同修正节。开皇九年，行被召入京，乃与邕同
来，至止帝城，道俗莫匪遵奉。

同是将出家后独自在山林隐居修行的僧侣行为称为"遁世"，
但中日僧传对"遁世"的评价却截然相反。由"修道立行，宜以
济度为先，独善其身，非所闻也。宜尽弘益之方，昭示流俗"的表
述可见，当时的信行法师对僧邕不顾及民众的救济，而优先自身修
行的行为持批判态度。这与《大日本国法华经验记》中"遁世隐
居为其志"的记述态度形成鲜明对比。

《大日本国法华经验记》所载《增贺传》中，还有一点值得关
注，即临终之际的作歌奇行。

愚老僧贺，年来所愿，早去此界，往生西方。其事在今
明，尤所喜申。即修讲筵，勤修念佛。又番论议谈论深义，或
兴和歌令读别歌。圣自唱和歌，其词曰：美豆和佐须也曾知阿
末里能于伊能奈美久良计能保祢耳阿布曾宇礼志几。于死期喜
游。（中略）与诸大众游戏既毕，令散大众。入于静室，坐于
绳床，诵法华经。手结金刚合掌印，坐禅乍居入灭。年八十
余矣。

"愚老僧贺，年来所愿，早去此界，往生西方"中姓名加许愿
的写法，与白居易《六赞偈》序（收入《白氏文集》卷七十·
3611）中"乐天常有愿，愿以今生世俗文笔之因，翻为来世赞佛乘

转法轮之缘也"的写法极为相似。接下来的"即修讲筵。勤修念佛。又番论议谈论深义。或兴和歌令读别歌。圣自唱和歌"部分，《今昔物语集》（卷第十二）所收《多武峰增贺圣人语第三十三》中也有类似记述。讲经念佛、举办以往生极乐为出题的歌会等活动，不禁令人联想到本书第三章第三节考察过的劝学会。与劝学会法华讲读、阿弥陀念佛，并以经中的一句为题举办诗会等活动相比，增贺的临终奇行，仅仅是将文学形式由诗转换成歌而已。有关增贺的临终奇行，因史料所限其虚实无从考证。但有一点可以明确的是，至《大日本国法华经验记》编纂之际，和歌与佛道结缘已有一定的关联。

纵观《大日本国法华经验记》增贺传所塑造的遁世僧形象，既有"闲居僧"山林独居的一面，又有"狂僧"奇行佯狂的一面，还有"诗僧""歌僧"不畏王权、以文学结缘佛道的一面，可谓各类隐者型僧侣形象的综合体现。

本节通过对玄宾、空也、增贺三位遁世僧相关诗文、往生传、说话的考察，探究了遁世僧佛教活动的特征，以及体现在文学塑造过程中遁世僧形象的特点。无论是玄宾选择的辞退僧官、空也坚持的民间布教，还是增贺脱离比睿山上演的种种佯狂奇行，都是对日益世俗化的寺院体制、既成教团的反抗行为。拒绝名利、脱离寺院、山林独居、不畏权贵、佯狂放达，院政期僧传中遁世僧形象的上述特征，与中国的隐者型僧侣形象有很多相似之处。这应该归功于具有深厚汉文学素养的中下级贵族文人，是他们在不断汲取中国古典文学中的隐逸表现、借鉴中国古代高僧传的表现手法的同时，在遁世僧实像的基础上通过润色、添加文学性虚构，将遁世僧塑造成理想的僧侣形象的。由此，脱离寺院体制的遁世僧的出家形式被记录者赋予了文学价值，随着日本社会的发展，"遁世"作为一种新型出家形式逐渐成为一种文化现象、社会风尚，僧传文学中基于遁世僧原型所塑造的文学形象也日益成为人们心目中理想的僧侣形象。

第三节　对高僧形象的重塑

——《发心集》"遁世者"形象的形成

平安时代末期至镰仓时代，"遁世"不仅仅停留于佛教文学中，更是作为理想的出家方式被不断践行，涌现出西行、长明、兼好等大量遁世者。尤其是继西行之后出现的鸭长明（1155—1216年），不仅是遁世者，还是歌人、乐者。《方丈记》（1212年）黑革箱笼中所装"和歌类、音乐类、往生要集等文集抄录"等草庵闲居的细节描写，反映了长明遁世生活的丰富多样。而另一方面，作为遁世者、数奇者的记录者，长明还在晚年编辑了佛教说话集《发心集》。与庆滋保胤、大江匡房等记录活跃在寺院体制之外的遁世僧的中下级贵族文人不同，长明自身便是遁世的实践者，对体制外宗教者的文学创作动机会更加明确，对遁世者特征的把握也会更加准确。本节将主要围绕《发心集》（卷一）所收高僧遁世说话群（第一至六话）与遁世圣隐德伪恶说话群（第十至十二话），来探讨长明如何继承前代僧传文学有关高僧形象的记录内容，进而将其在《发心集》中重新塑造成理想的遁世者形象。

一、深山独居

从《玄敏僧都遁世逐电之事》《千观内供遁世笼居之事》《多武峰僧贺上人遁世往生之事》等（卷一）的说话题目可知，《发心集》中的"遁世"，基本是指出家的僧侣脱离寺院、辞退僧官后的再出家。而前代往生传、说话集等僧传文学中频繁出现的玄宾（《发心集》中称作"玄敏"）、增贺（《发心集》中称作"僧贺"）的说话题目中并未使用"遁世"一词，由此可见，长明有意识地明确将其行为认定为"遁世"。这些遁世者脱离寺院后，究竟去何处寻求理想的遁世之地？置于卷首的玄宾僧都的遁世说话首先给出了明确答案。

　　从前，有一位名叫玄敏僧都之人。虽为山阶寺博学高僧，但因厌世心深，更不好寺交。于是在三轮河边结一草庵，耽于冥想，乐享独居。（第一话《玄敏僧都遁世逐电之事》）

由以上记述可知，玄宾是因为怀有厌世之心，加之寺院体制的束缚、人际关系的烦累而离开山阶寺的。他前往的是三轮河畔搭建的草庵。玄宾辞退大僧都的任命时曾咏过一首和歌"三轮川之水，清澈任意流。洗我衣衫袖，岂可更污浊"①，利用"清澈"与"污浊"的鲜明对照，突出了遁世地的清净。这就很自然地使人联想到许由洗耳之典故"颍阳洗耳，耻闻禅让"（《后汉书·逸民列传》）。

---

① 《江谈抄》中记载，此歌是玄宾辞退律师时的作品（参见本章第二节）。

玄宾洗衣袖的行为，与许由洗耳的行为相同，都是借清流强调自身的高洁。

第三话《平等供奉离山赴异州之事》，讲述了高僧平等化身乞丐与弟子净真重逢后失踪，之后，"在人迹罕至的深山清水边"，有山里人发现了平等的往生圆寂。平等选择的也是临近清流的深山独居。第四话《千观内供遁世笼居之事》中，与空也邂逅的千观心生遁世之念，将同行者遣返，只身一人来到裹尾（地名，笔者注）笼居，结草庵隐迹。第十二话《美作守显能家僧来入之事》中，对被跟踪的乞食圣的住处有如下描述："翻山越岭进入北山深处，来到人迹罕至的深谷。进了一间奇特的茅庵之中，云云。"

如上所述，（卷一）中写的遁世高僧理想的遁世地有共通之处：深山、清流、草庵独居。他们向往的遁世，是在清净的大自然包围的深山中搭建草庵，乐享独居生活。遁世者主动抛弃寺院体制、人际交往、僧官名利，选择了孤独的深山闲居。如"清流""清水"等词所象征的，脱离体制、集团的独居行为中，蕴含着遁世者的价值判断，即对沦落为第二个俗界的寺院社会的批判，对自身高洁的强调。深山独居，是与世俗隔绝的手段。这种深山独居与"隐士托山林，遁世以保真"（《艺文类聚》所收张华《招隐诗》）中吟咏的隐逸状态极为相似。在与世俗社会的尖锐对立中显示出对"孤独"的价值肯定，是遁世者与隐者的共通姿态。① 然而，隐者虽然孤

---

① 山本一在论述《发心集》卷首的高僧再出家说话时指出："卷首说话群的主题，是与社会生活尖锐对立中所揭示的'孤独'的价值。"见山本一．《发心集》卷一·卷二的主题展开——结合《方丈记》进行考察［J］．国文论丛，1982（9）：39．

独，但没有断绝与家庭、友人的联系。例如归隐田园型隐者形象的代表陶渊明，辞官归田后的状态，如《归去来兮辞》中所描述的"僮仆欢迎，稚子候门""悦亲戚之情话，乐琴书以消忧"，洋溢着其乐融融的生活情趣。正可谓脱离政治，但又不远离人伦。又如《世说新语·任诞篇》所载"七人常集于竹林之下，肆意酣畅"的竹林七贤，常常聚集在一起开怀畅饮。与此相对，由《发心集》中遁世高僧的相关记述，如"厌世心深，更不好寺交"（第一话）、"在人迹罕至的深山清水边"（第三话）、"只身一人来到簦尾笼居"（第四话）、"来到人迹罕至的深谷"（第十二话）等，可以看出编者长明将独处、独居视为遁世的一大重要特征。这与本书第一章所探讨的"常独处山林"为特征的隐者型僧侣形象之一——"闲居僧"类似。当然，遁世高僧所践行的深山独居也是专心佛道修行的手段，这与《摩诃止观》中被列为"闲居静处"之首选的"深山远谷"是一脉相承的。对独处的强调，以及借山水的清净对自身高洁的强调，反映了当时遁世者的处世状态。在鸭长明的随笔《方丈记》中，"临五十岁之春，出家悖世"的长明，最初在大原度过了五年的遁世生活，后又"于日野山深处隐迹"，结方丈草庵，开始了独自的"闲居"生活。长明的遁世，正是受到了上述深山独居的遁世高僧的影响。

二、韬光晦迹

在《发心集》（卷一）中，集中了很多类似第一话《玄敏僧都遁世逐电之事》、第三话《平等供奉离山赴异州之事》，以高僧的出奔、弟子与高僧的邂逅、高僧的再次出奔的相同构思展开的故

事。遁世者究竟为何反复出奔？这些出奔、失踪行为有何具体
含义？

首先，第一话中的玄宾，在三轮河畔结草庵遁世后，应桓武天
皇之诏上京，并在平城天皇任命其为大僧都时，作辞退僧官的和歌
后出奔。周围的反应如下所述。

> 如此，玄敏僧都隐瞒弟子及仆役，突然出奔，不知所在。
> 虽往应去之处寻觅，仍不见。徒劳搜寻数日后，僧都身边之人
> 自不必言，世人皆悲叹之。

玄宾的突然失踪令世人震惊，被看作是违背世俗价值观的行
为。当弟子与化身船夫的师父重逢时，望着眼前这位蓬头垢面、衣
衫褴褛的法师，弟子心生诧异。仔细端详，终于认出是自己的师父
后，弟子为不暴露师父而强忍住眼泪。曾经的高僧沦落到如此地
步，作为寺院体制内的弟子是非常难以理解的。与师父相约回京时
再见面的弟子，听其他船夫说玄宾再次失踪后，顿时大惊失色，追
悔莫及。

接下来的第二话，化身寒酸法师的玄宾当差辅佐郡司，为救郡
司于危难，亲自出面上京，现身于大纳言官邸，由此暴露了自身的
行踪。郡司为表示感谢欲寻找玄宾时，却发现玄宾"将厅宣（即在
京国司发出的命令书，笔者注）置于衣服、袈裟之上便突然离去，
从此不知去向"。

在第三话中，前往伊予国的弟子净真与化身乞丐的师父平等邂
逅，悲痛万分，周围的民众也极为震惊，哭声一片。紧接着，平等

又再次失踪。与师父重逢的弟子和周围民众的反应，以及暴露身份后师父的再次失踪，与第一话的构思极为相似。

田中宗博认为，玄宾化身船夫的说话最早出现于几乎同时成书的《古事谈》和《发心集》中，并且是后世虚构的。① 而且，田中还指出了第一话与第三话在构思、叙述方面的相似性。② 因此，平等失踪的细节部分虚构的可能性很大。正如先行研究所述，平等说话存在内容相似的先行说话，如《古事谈》（卷三第三十六话）《平灯大德遁世，作为赞岐国门卧往生之事》，以长增为主人公的《今昔物语集》（卷十五第十五话）《比睿山僧长增往生话》等。③ 有关《今昔物语集》先行说话的史实，据考证净真（静真）奔赴伊予国以及平等相当于净真（静真）的师父性质的人物，是具有一定的事实根据的，但却没有论及平等的遁世。④ 连平等的遁世都尚不明确，那么，平等遁世后的失踪为后人虚构的推断应该也不会有误。同样，有关玄宾，院政期的《江谈抄》中只记录了辞退僧官的两首和歌，而至《古事谈》和《发心集》，又附加了化身船夫及失踪的相关故事情节。尤其值得关注的是，在《发心集》（卷一），

---

① 田中宗博.《发心集》的境界离脱谭［J］. 国文论丛，1986（13）：18. 关于《古事谈》和《发心集》先后关系的问题，尚无定说。高尾稔围绕玄宾的故事，分析了两者细节的不同以及文体的不统一，推断《古事谈》第三僧行的玄宾说话是以《发心集》卷一的第一话和第二话两则说话为基础创作的。见高尾稔.《发心集》和《古事谈》的先后关系追考［J］. 国语和国文学，1986（63 - 9）：34 - 49.

② 田中宗博.《发心集》的境界离脱谭［J］. 国文论丛，1986（13）：23 - 24.

③ 三木纪人校注. 方丈记 发心集［M］. 东京：新潮社，1976：54；田中宗博.《发心集》的境界脱离谭［J］. 国文论丛，1986（13）：19.

④ 有关史实的考证，详见马渊和夫，等校注、译《今昔物语集》（东京：小学馆，1972）的相关头注及解说。

晦迹行为作为高僧遁世说话的特征被摆在了极为显著的位置。其理由有一点可以想见，便是编者长明的遁世观。有关平等突然发心出奔的情景，长明描述如下：

> 某日如厕之时，突然发心，顿悟无常，心想："为何身在如此无常之世，为名利所束缚，却怜惜本应厌恶之身而虚度年华？"便后悔过去的行为，甚至对长年的住所都心生厌恶，更无归去之意。于是身着白衣脚踏木屐，未穿外衣便漫无目的地出奔，经由西坡，前往京城的方向。

此处的"无常之世"，指的正是自己终日修行的比睿山。虽身为比睿山的高僧，但具有讽刺意味的是，对于顿悟无常而发心的平等而言，比睿山已成为难以专心修行的俗世。在宛若俗世的比睿山深刻感受到生活的空虚，一刻也不愿久留的平等身着睡衣便匆忙出奔。这与"厌世心深，更不好寺交"的玄宾等出奔动机类似，却与《古事谈》《今昔物语集》等先行说话中所述出奔动机不尽相同。①对长明而言，遁世首先意味着脱离以比睿山为代表的寺院、教团等名利场。平等顾不上正衣冠、身着睡衣便匆忙出奔的行为，将脱离比睿山的迫切性、断然离开的决绝性，形象而深刻地传递给了读者。离山弃寺、奔赴地方的高僧，或化身船夫，或乔装乞丐，隐于俗世，且不忘勤行。而从寺院、教团的立场来看，高僧的行为是难

---

① 田中宗博在《〈发心集〉的境界离脱谭》一文中也曾指出，因长增和平等出奔动机的不同，会导致对《今昔物语集》和《发心集》主题解读的差异。（田中宗博.《发心集》的境界离脱谭［J］. 国文论丛，1986（13）：21.）

以理解的。高僧的失踪成为世人叹息、惊诧的对象，判若两人的高僧形象在弟子眼中仿佛奇人、怪人。通过此类对比方式的描述，使遁世者与寺院体制内的官僧的差别一目了然。冈本敬道曾经概括指出：遁世可分为两类，一类是俗人有意识地脱离社会秩序、官僚制度；另一类是僧侣有意识地脱离寺院、教团。① 《发心集》（卷一）中高僧的遁世，无疑属于后者。正如第三话的话末评语所述"无论古今，真正发心之人，会背井离乡，于未知之处，断然弃名利而死"，脱离寺院、教团，即二重出家的实质是远离名利。

促使长明这种遁世观形成的原因，应该是对世俗化的寺院体制、既成教团的强烈批判的世风以及遁世者辈出等当时社会的实际情况。冈野浩二在《奈良、平安时代的出家——从"官僧、私度僧"到"官僧、遁世僧"》一文中，探究了贵族子弟入寺导致寺院社会沦为第二俗界的实际情况，并探讨了平安后期寺院社会与世俗权力之间的关系。② 他指出，不仅是统辖寺院的别当、座主、检校，甚至代表僧界的僧纲（僧正、僧都、律师）均被贵族子弟独占，负责寺院、僧纲的三纲全部世袭化，寺僧的阶级分化也日益严重，主要寺院已经形成了以权贵子弟为顶点的巨大阶级社会。在此基础之上，冈野还将脱离寺院、置身体制外的宗教者分为俗人的遁世、僧侣的遁世、圣等类别，并主要依据往生传、说话集进行了考察。长明的遁世观恰恰是当时处于中世这一变革时代的反映。因

---

① 岗本敬道. 对《发心集》遁世谭所体现的撰集意识的考察——尤以第一卷为中心［J］. 宇部国文研究，1977（8）：11－12.

② 冈野浩二. 奈良、平安时代的出家——从"官僧、私度僧"到"官僧、遁世僧"［M］//服藤早苗. 王朝的权力与表象——学艺的文化史（丛书·文化学的越境4）. 东京：森话社，1998：12－51.

此，将平安时代大量往生传中出现的高僧重新塑造成中世理想的遁世者形象，可以说是文学界顺应时代要求的趋势。具体到《发心集》而言，如何在文学形象的塑造中，揭示遁世僧与官僧的迥然不同，是鸭长明等新一代记录者亟待解决的新课题。可以说，从平安时代往生传到中世佛教说话的继承发展过程中，《发心集》起到了承前启后的转折点的作用。① 在创作上独具匠心的表现之一，是鸭长明在《发心集》（卷一）加入了以往往生传、说话集中没有的出奔情节。玄宾传的变迁，可谓僧侣形象塑造由高僧转向遁世者过程中的典型代表。首先，嵯峨天皇模仿中国的明君礼遇隐者、尊重隐逸之风，为标榜自己是明君，在御制诗中将深山修行的高僧玄宾吟咏成隐于山林的高洁隐者。其后，在《江谈抄》中，大江匡房关注到玄宾辞退僧官的行为。大江只是记录了玄宾辞退僧官时所作的和歌，并未具体展开，但将辞退僧官、脱离寺院的宗教者纳入记录对象本身，便是对遁世僧的一种价值肯定。在上述先行文学的基础上，长明在《发心集》中，首先在题目中导入"遁世"一词，将玄宾的行为明确定义为"遁世"，进而附加厌世之心、不好交际、深山独居、出奔等要素，塑造出具有丰富故事性、鲜活生动的遁世者形象。

然而，晦迹这一类型化的表述并非长明的独创。要追溯此类晦

---

① 藤本德明在《僧传与说话——以〈发心集〉为中心》（本田义宪，等. 说话的讲座：第六卷 说话及其周边——物语·艺能［M］. 东京：勉诚社，1993：245.）中指出，从往生传到中世的佛教说话集的系谱中，《发心集》作为转折点，发挥着巨大的作用。

迹表述之源，对中世佛教说话影响深远的中国高僧传可成为线索之一。① 例如，在《高僧传》《续高僧传》等中国古代僧传文学中，"晦迹"作为表述高僧特征的词语频繁出现。

竺道壹，姓陆，吴人也。少出家，贞正有学业，而晦迹隐智，人莫能知，与之久处，方悟其神出，琅玡王珣兄弟深加敬事。（《高僧传》卷五·《竺道壹传》）

释僧周，不知何人。性高烈，有奇志操。而韬光晦迹，人莫能知。常在嵩高山头陀坐禅。（《高僧传》卷十一·《释僧周传》）

时阳山僧景者，不详何人，晦迹尘外，以道自处。（《续高僧传》卷十六·《释法懔传》）

不仅如此，韬光晦迹、行踪莫测的高僧也频频登场。

跋澄戒德整峻，虚靖离俗，关中僧众则而象之，后不知所终。（《高僧传》卷一·《僧伽跋澄传》）

时蜀郡又有杨祜师者，佯狂岷络。（中略）食啖同俗，栖止无定。（中略）迄于唐初，犹见彼土，后失其所在。（《续高

---

① 有关中国的高僧传对中世佛教说话的影响，参见陆晚霞《高僧传与中世的遁世说话》（陆晚霞. 日本遁世文学的研究［M］. 北京：人民文学出版社，2013：370－387.）。该研究围绕遁世者的山林闲居、隐德佯狂等，对日本中世遁世说话的部分篇章和高僧传做了具体的比较分析。本书主要以《发心集》为中心，在关注中国高僧传影响的同时，进一步探讨对其先行传记文学的隐逸传中相关类型表现的受容。

僧传》卷二十六·《贾逸传 附杨祐传》）

而先于这些僧传文学，早在《艺文类聚》（第三十六卷·人部二十·隐逸上）所收嵇康《高士传》中，已有类似表述。

又曰：善卷者，舜以天下让之，卷曰："予立宇宙之中，冬衣皮毛，夏衣絺葛。日出而作，日入而息。逍遥天地之间，何以为天下哉？"遂入深山，莫知其所终。

又曰：尚长字子平，禽庆字子夏，二人相善。庆隐避不仕王莽，长通《易》《老子》，安贫乐道，好事者更馈遗，辄受之，自足还余，如有不取也。举措必于中和。司空王邑辟之连年，乃欲荐之于莽，固辞乃止。遂求退，读《易》至《损益》卦，喟然叹曰："吾知富贵不如贫贱，未知存何如亡尔。为子嫁娶毕，敕家事断之，勿复相关，当如我死矣。"是后肆意与同好游五岳名山，遂不知所在。

又曰：子支伯者，舜以天下让支伯，支伯曰："予适有幽忧之病，方且治之，未暇治天下也。"遂不知所之。

失踪、晦迹，实则是隐者针对执政方发出的出仕、治国邀请的拒绝回应，"遂入深山，莫知其所终""遂不知所在"，本是拒绝出仕的隐者的相关表述。本书第一章探讨隐者型僧侣形象时也曾经指出，"佛""隐"共同具有脱俗、反世俗性，高僧传的作者借用这些隐逸表现，是为了凸显僧侣脱俗、反世俗的僧格特征。因此，长明也援用中国古代的隐逸传、高僧传中反复出现的"不知所在"

"晦迹"等表述，以强调遁世高僧的脱俗、反世俗性，进而试图塑造出遁世者异于寺院体制内的官僧的形象特征。这也成为《发心集》中频繁出现晦迹表述的第二个理由。

　　实际上，据《源家长日记》①记载，鸭长明自身也是出奔的践行者。在日记的二十一条中，身为长明友人的作者，记录了长明遁世时的情况。据记载，河合神社的祢宜（神官的一种，笔者注）一职出现空缺，后鸟羽院欲任命长明担任，但因长明同族祐兼的反对未能实现，作为弥补，后鸟羽院欲将长明所在的氏社升格为官社。可是，长明以"尚与原本所申主旨相异"为由拒绝了后鸟羽院的良苦用心，并突然出奔，不知去向。之后，长明出家并在大原修行的消息传到了都城。关于长明遁世后的样子，有如下描述："意外邂逅之时，消瘦得不敢相信是他本人。"长明的出奔同样被描述成了拒绝世俗名利权贵的行为。从源家长"神志不清"等评语可见，长明的出奔在世人看来只是发狂、异端，被视作有悖于世俗价值观的行为。友人记录的长明遁世形象，与《发心集》（卷一）中长明自身笔下的遁世高僧多有重合。不难想象，长明长久以来一心向往的理想型僧侣形象便是拒绝名利的遁世高僧，在自己编撰的佛教说话集中以遁世僧为原型，极力塑造出顺应时代要求的遁世者形象，并亲自模仿与践行，最终自身也成了遁世者中的一员。

---

①《源家长日记》的原文引自藤田一尊，等. 源家长日记 飞鸟井雅有卿记事 春日深山路（中世日记纪行文学全评译集成 第三卷）［M］. 东京：勉诚出版，2004.

三、隐德、伪恶

《发心集》（卷一）的后半部分，第十话《天王寺圣隐德之事，附乞食圣之事》、第十一话《高野上人伪储妻女之事》、第十二话《美作守显能家有僧来人之事》，连续三则都是以隐德、伪恶为主体的遁世圣说话。可见，长明将隐德、伪恶也作为理想遁世者形象的一种形态，有意识地收录了上述说话。下面，主要通过以隐德、伪恶为主题的说话内容及编者长明的评语，来考察此类遁世者形象的特征及其与中国僧传文学之间的联系。

第十话由天王寺圣和乞食圣两则短小说话构成。据长明的描述，天王寺圣的言行有如下特征：每个词的词尾都加上"琉璃"二字；身披用布块拼接的，或纸糊的破烂不堪的衣服；从布袋中取出乞讨来的食物，如乞丐般边走边吃；常常被孩童取笑，言行疯癫，说一些不着边际的胡话；居无定所；等等。接下来登场的乞食圣与天王寺圣近似，同样外貌奇特、言行举止怪异："食物不厌鸟鱼"等破戒行为；身披草席，非常人之态；逢人必念"尼人、法师、男人、女人等清净"；等等。从二人身上，可以看到化身乞丐的平等、佯狂奇行的增贺等人的影子。两位遁世圣伪装成怪人的背后，分别与高僧进行佛法问答、向高僧借来经论并随身携带，最终二人均如愿往生净土。对于这些具有隐德的遁世圣，编者长明不惜笔墨，给予了高度评价。

　　　　此皆为勤修后世者中一等殊胜之状。常言道"大隐在朝
　　市"，即谓此矣。其意言贤人之逃世，身虽处市井之中，其德

深藏，不为人知。遁迹山林者，皆因在人众之间无可隐藏其德
者也。①

　　此处值得注意的是"'大隐在朝市'，即谓此矣"部分体现了
长明将隐德视为大隐的观点。三木纪人的《发心集》头注中也明确
指出，"大隐在朝市"依据的是白居易诗作《中隐》（《白氏文集》
卷五十二·2277）中的"大隐住朝市，小隐入丘樊"。大隐的主要
观点是，相比山林之隐，朝市之隐才是真正的隐者，才更值得重
视。正如《史记·滑稽列传》中"陆沉于俗，避世金马门。宫殿
中可以避世全身，何必深山之中，蒿庐之下"所述，大隐观点形成
的背景，是辅佐汉武帝的东方朔所提倡的朝隐以及老子所讲的和光
同尘的思想。有关朝隐，小林升曾指出；"朝隐胜于山林之隐一说，
并非出于全生而是从难易程度而言的，而且道家思想以不受时空限
制为宜，朝隐一说也体现了这样的观点。"② 朝隐的观点基本上是
依据的是老庄思想。同时，隐德与《摩诃止观》（卷第七·下）
"能安忍"中所述舍弃名利的三种方法"让、隐、去"中的"隐"
相对应，具体而言是基于"推若不去翻被黏系者。当缩德露毗扬狂
隐实"，可见隐德是佛教所倡导的放弃名利的一种手段。而长明在
隐德说话的话末评语中，明确提出了隐德即大隐的观点。针对二者
的结合，陆晚霞引用下面《庄子·缮性第十六》中的《得志论》

---

① 陆晚霞. 日本遁世文学的研究［M］. 北京：人民文学出版社，2013：346.
② 小林升. 中日历史观与隐逸思想［M］. 东京：早稻田大学出版社，1983：269.

展开了论述。①

　　　　虽圣人不在山林之中，其德隐矣。隐，故不自隐。古之所
　　谓隐士者，非伏其身而弗见也，非闭其言而不出也，非藏其知
　　而不发也，时命大谬也。当时命而大行乎天下，则反一无迹；
　　不当时命而大穷乎天下，则深根宁极而待；此存身之道也。

　　陆晚霞认为，《得志论》本是阐述隐逸的文章，告诉人们身在
乱世应如何处世保身，而在《发心集》中，却将其与佛教式遁世的
山林修行与市井游方的两种类型相对应，并受到《摩诃止观》提出
的遁世论的影响。这一观点非常富于启发性，但换一个角度来看，
将隐德等同于大隐，同时也可视为隐逸概念的日本化。隐逸最初通
过中国古代典籍、诗文作品传入日本时，便受到留学僧等"诗僧"
的关注，纷纷将隐逸表现援引到自己的诗作中，也就是说，隐逸在
传入日本之初便带有了浓厚的佛教色彩。而院政期文人庆滋保胤援
用白居易"中隐"中"官""隐"兼顾的方法时，将"隐"替换成
"佛"，试图尝试半官半僧的生活状态，却以失败告终，最终辞官出
家。至遁世者长明，借用隐于朝市的大隐之说，同样将"隐"替换
成"佛"，与《摩诃止观》中倡导的在朝市传道布教的隐德建立联
系。长明援用大隐之说，于其考虑《庄子》的影响，更应关注文人
出家者熟知的白诗的影响。《发心集》（卷五）第八话《中纳言显
基出家·笼居之事》中记录的显基，常将乐天诗句"古墓何世人，

────────────

① 陆晚霞. 日本遁世文学的研究［M］. 北京：人民文学出版社，2013：346 –
　　348.

不知姓与名。化为路傍土，年年春草生"挂在口上。作为口头禅的白诗，其影响已远远超出了文学的范畴，其性质几乎等同于经文。可见，白诗已成为当时文人出身的佛教信仰者修行生活中所不可或缺的。长明的话末评语"大隐在朝市"并非直接引自王康琚《反招隐诗》（《文选》卷二十二）"小隐隐陵薮，大隐隐朝市"，而是以白诗为媒介，这一点不容忽视。由长明评语的后半部分"遁迹山林者，皆因在人众之间无可隐藏其德者也"可见，在长明看来，山林之隐并非高明之举，不值得称颂。这与对山林隐逸持消极态度的白居易观点一致。例如，《玩新庭树因咏所怀》（《白氏文集》卷八·闲适四·0370）一首的结尾处吟道："偶得幽闲境，遂忘尘俗心。始知真隐者，不必在山林。"显而易见，此处的"真隐者"，即指大隐。为何不必隐于山林便可成为真隐者？结合诗题可知，是因为在所谓"幽闲境"的自家庭院，被俗世玷污的心灵已得到了净化。上述诗句还入选了慈円《文集百首》（《闲居十首》·其三）的歌题，足以证明当时博得歌僧喜爱的程度。闲居十首的歌题中还收录了"山林太寂寞，朝阙苦喧烦。唯兹郡阁内，嚣静得中间"（《白氏文集》卷六·闲适四·《郡亭》0358）、"外顺世间法，内脱区中缘。进不厌朝市，退不恋人寰"（《白氏文集》卷六·闲适二·《赠杓直》0270）等诗句。白居易闲适诗中所表达的不拘泥于场所而重视心境的隐逸观，触动了慈円等歌僧的内心，成为其艳羡的对象。白居易的隐逸观，与兼顾"官"与"隐"的中间状态中谋求隐逸生活的"中隐"论密切相关。置身官场的同时，于近在咫尺的宅院、池亭等私人空间便能充分体味隐逸之趣，因此不必特意去深山幽谷等隐逸的传统之地。这一观点，通过"好是修心处，何

必在深山"（《白氏文集》卷五·闲适一·《禁中》0195）、"人间
有闲地，何必隐林丘"（《白氏文集》卷五·闲适一·《赠吴丹》
0196）、"幽独已云极，何必山中居"（《白氏文集》卷七·闲适
三·《闲居》0326）等白居易闲适诗的诗句反复表达、强调出来。

　　另一方面，从白诗受容的角度来看，受容的中坚力量由文人官
僚转变为歌僧也是值得注意的现象。在本书第四章第二节论及闲居
题咏的流行时，曾考察了歌僧慈円从《白氏文集》中选取诗句所作
的句题和歌《文集百首》。慈円《文集百首》的《白氏文集》受
容，具有区别于以往闲适诗受容的特征，① 显示出以歌僧为中坚力
量的白诗受容新趋势。慈円《文集百首》跋文中的"乐天者文殊
之化身也""定翻今生世俗文字之业、为当来赞佛法轮之缘者欤"
等语句，反映了当时对白居易的评价以及"狂言绮语观"对促进诗
歌与佛道相互融合的深入影响。与佛教密切相关的白诗，对出家的
文人而言是极具亲和力、极易被接受的。记录下与白居易诗文有深
厚渊源的《方丈记》"闲居"生活的鸭长明便是其中一人。从白诗
受容史的角度来看，《方丈记》成书的平安、镰仓时期正处于时代
转换期，同时也是白诗受容方式发生转变的时期。② 在此背景下，
原本基于中隐思想的"始知真隐者，不必在山林""好是修心处，
何必在深山"等诗句，便超越了隐逸的概念范畴，作为遁世者的处

---

① 有关《文集百首》对《白氏文集》的受容，参见田中干子.《文集百首》的
　　《白氏文集》受容——对闲适诗的共鸣［M］.白居易研究年报，2007（8）：
　　171 – 189.
② 太田次男.真福寺藏新乐府注与镰仓时代的文集受容——附·新乐府注翻印
　　［J］.斯道文库论集，1968（7）：323 – 436；太田次男.白诗受容的诸问
　　题——论与文集古抄本的联系［J］.国语国文，1977（46 – 9）：1 – 31.

世理念，深深打动了长明的内心。

长明能够将具有隐德的遁世圣称之为大隐，可见，至日本中世时期，作为从中国传入的外来文化要素的"隐"，已经完全融入了日本特有的遁世者修行生活的日常。德高望重的遁世圣之所以选择隐德、伪恶的方式寄身俗世，第十二话的话末评语中蕴含着答案。

　　有真实道心之人，如此掩藏自身之德，特显己身之过，盖恐为世人所尊崇而。若人虽遁世，却欲闻他人对其遁世之美誉，询问其高尚德性之方法，则较之世俗之名闻更甚。

也就是说，隐德、伪恶是脱离"世俗之名闻"的手段，是完全忠实于佛教所倡导的放弃名利的行为。通过对《发心集》（卷一）隐德、伪恶说话的考察可知，对于编者长明而言，隐德、伪恶可与大隐匹敌，是"佛""隐"相互调和的"遁世"的一种表现类型。

《发心集》（卷一）中记录的遁世者形象的另一类型，是以第五话《多武峰僧贺上人遁世往生之事》为代表的"狂僧"。有关增贺传的形成与中国高僧传的关系已在本书第二章第三节详细论证，此处不再一一赘述。

以上，主要围绕《发心集》（卷一）所收高僧遁世说话群（第一至六话）与遁世圣隐德、伪恶说话群（第十至十二话），将遁世者的脱俗行为分为深山独居、晦迹、"隐德、伪恶"、佯狂等四种类型进行考察，并通过分析与隐逸传、高僧传以及白居易诗文间的相互联系追溯了上述遁世说话群的文学表现源流，进而探究了这些遁世者形象的塑造与身为遁世者的编者长明之间的关系。有关高僧传与遁世说话的关系，陆晚霞曾概括道："纵观佛教说话中的隐德佯狂的遁世者，笔者以为其形象是以《摩诃止观》倡导的缩德佯狂理念为骨骼，又借鉴了高僧传中对佯狂僧的描写为血肉，所以才能塑造出如此生动丰满的人物形象的。"[1] 这一见解同样适用于《发心集》（卷一）的遁世说话群。而且，《发心集》卷首，集中排列了具有强烈脱俗性的遁世说话，反映了编者长明对遁世者格外的关注。如前所述，其原因可归结于对世俗化寺院体制的强烈批判的时代要求及编者长明的自身经历。如何在文学形象的塑造中，揭示遁世僧与官僧的迥然不同，是鸭长明等新一代记录者亟待解决的新课题。在《发心集》的遁世说话中，鸭长明正是以《摩诃止观》为依据，并援用中国高僧传中有关隐者型僧侣形象的深山独居、韬光晦迹、隐德佯狂等文学表现，成功地刻画出遁世僧脱俗、反世俗的鲜活形象。由此，脱离寺院、活跃在既成教团之外的遁世僧，与隶属于世俗化的寺院和既成教团的官僧，二者之间的对照在僧传文学的记述中更加鲜明，并为后世日本僧传文学中理想僧侣形象的塑造提供了借鉴。

"遁世"这一新型出家方式被《发心集》等中世僧传文学推崇为理想的出家模式，并被大量涌现的遁世者不断实践，可谓隐逸与佛教的日本化共同推进的结果。而且，在僧传文学中塑造的遁世理想被不断实践的过程中，"遁世"作为"佛""隐"融合的出家方式也逐渐在日本社会扎根。因而，早期的遁世僧为脱离寺院、教团而做出的佯狂、隐德、伪恶等极端的脱俗行为已不再需要，取而代

---

[1] 陆晚霞. 日本遁世文学的研究 [M]. 北京：人民文学出版社，2013：374.

之的是如何在日常的遁世生活中，显示出文人出家者特有的脱俗、反世俗性。于是，为单调的修行生活增添色彩的数奇便登上了遁世说话的舞台。这就是本书第三章第四节以《发心集》（卷六）的数奇说话群为例所探讨的"数奇者"的遁世，即"数奇者"形象。

纵观《发心集》遁世说话中所记录的"遁世者"形象，囊括了韬光晦迹、佯狂隐德、深山独居、痴迷诗歌管弦等多种类型，且皆以摒弃世俗名利为共同特征。而在本书第一章第三节，分类阐述了"狂僧""诗僧""闲居僧"等中国高僧传中的隐者型僧侣形象的类型特征。不难发现，日本中世佛教说话中的"遁世者"形象，与中国高僧传中的隐者型僧侣形象多有重合。但不能单纯地将日本的"遁世者"理解为"狂僧""诗僧""闲居僧"的简单叠加。通过本书第二章、第三章、第四章的考察可知，"狂僧"形象、"诗僧"形象、"闲居僧"形象在日本的传承过程中，对日本的僧传、往生传、佛教说话等产生了深远的影响，同时，结合日本的文学传统与社会状况，分别发生了不同程度的本土化。可以说，平安中期以来寺院体制、既成教团的日益世俗化，是导致日本特有的出家形式——特指脱离寺院的僧侣的再出家的"遁世"出现的主要原因。而日本僧传文学中塑造的理想僧侣形象——"遁世者"形象，则是以《摩诃止观》为准则，在不断汲取中国古典文学中的隐逸表现、借鉴中国古代高僧传中隐者型僧侣形象的手法的同时，通过在遁世僧实像的基础上添加文学性虚构而得以形成的。

作为遁世者、数奇者，同时又作为遁世者、数奇者的记录者，具有多重身份的鸭长明及其著述自然成为本书关注的焦点。然而，以"佯狂""闲居"等为特征的"遁世者"形象，并非仅仅存在于鸭长明的《方丈记》《发心集》中，在其后成书的《闲居友》《撰集抄》《沙石集》等日本佛教说话集中也相继出现。有关上述日本中世僧传文学与中国高僧传之间联系的考证，将作为笔者今后的研究课题。

参考文献

【中文文献】

专著类

［1］（唐）白居易著，朱金城笺注．白居易集笺校［M］．上海：上海古籍出版社，1988.

陈鼓应注译．庄子今注今译［M］．北京：中华书局，1983.

［2］（唐）道宣撰，郭绍林点校．续高僧传［M］．北京：中华书局，2014.

［3］（宋）道元辑，朱俊红点校．景德传灯录［M］．点校本．海口：海南出版社，2015.

［4］（南朝宋）范晔撰，［唐］李贤，等注．后汉书［M］．北京：中华书局，1965.

［5］（唐）房玄龄，等．晋书［M］．北京：中华书局，1974.

［6］（三国魏）嵇康著，戴明扬，校注．嵇康集校注［M］．北京：中华书局，2014.

［7］（南朝宋）刘义庆撰，（南朝宋）刘孝标注，余嘉锡笺疏．

世说新语笺疏 ［M］．北京：中华书局，2016.

［8］（唐）欧阳询撰，王绍楹校．艺文类聚 ［M］．上海：上海古籍出版社，1982.

［9］（南朝梁）僧祐撰，李小荣校笺．弘明集校笺 ［M］．上海：上海古籍出版社，2015.

［10］（梁）沈约撰．宋书 ［M］．北京：中华书局，1974.

［11］（梁）释慧皎著，朱恒夫，王学钧．高僧传 ［M］．赵益注，译．西安：陕西人民出版社，2009.

［12］释皎然．昼上人集 ［M］//见张元济，等．四部丛刊注．北京：商务印书馆，1929.

［13］（汉）司马迁撰，（宋）裴骃集解，［唐］司马贞索隐，［唐］张守节正义．史记 ［M］．北京：中华书局，2014.

［14］（晋）陶渊明著，逯钦立校注．陶渊明集 ［M］．北京：中华书局，1979.

［15］（梁）萧统编，（唐）李善注．文选 ［M］．上海：上海古籍出版社，1986.

［16］杨伯峻译注．论语译注 ［M］．北京：中华书局，1958.

［17］（宋）赞宁撰，范祥雍点校．宋高僧传 ［M］．北京：中华书局，1987.

［18］（宋）郑樵．通志 ［M］．北京：中华书局，1987.

［19］周振甫译注．周易译注 ［M］．北京：中华书局，2017.

研究著作类

［1］丁国旗．日本隐逸文学中的中国因素 ［M］．北京：人民出版社，2015.

［2］贾晋华．皎然年谱［M］．厦门：厦门大学出版社，1992.

［3］霍建波．宋前隐逸诗研究［M］．北京：人民出版社，2006.

［4］李红霞．唐代隐逸与文学［M］．北京：商务印书馆，2017.

［5］陆晓霞．日本遁世文学的研究［M］．北京：人民文学出版社，2013.

［6］罗宗强．玄学与魏晋士人心态［M］．天津：天津教育出版社，2006.

［7］南怀瑾．禅宗与道家［M］．上海：复旦大学出版社，2010.

［8］孙昌武．道教与唐代文学［M］．北京：人民文学出版社，2017.

［9］汤用彤．汉魏两晋南北朝佛教史［M］．北京：中华书局，2016.

［10］汤用彤．隋唐佛教史稿［M］．北京：中华书局，2016.

［11］王国璎．中国山水诗研究［M］．北京：中华书局，2007.

［12］王贺英．日本隐逸精神的不朽歌魂：西行法师研究［M］．北京：中国社会科学出版社，2016.

［13］王勇．东亚坐标中的遣隋唐使研究［M］．北京：中国书籍出版社，2015.

［14］魏崇新．狂狷人格［M］．武汉：长江文艺出版社，1996.

[15] 卫绍生. 竹林七贤研究 [M]. 北京：社会科学文献出版社，2016.

[16] 严可均. 全上古三代秦汉三国六朝文 [M]. 石家庄：河北教育出版社，1997.

[17] 周裕锴. 中国禅宗与诗歌 [M]. 上海：复旦大学出版社，2017.

[18] 宗白华. 美学散步 [M]. 上海：上海人民出版社，2005.

期刊类

[1] 鲍静怡.《太平广记》中的"狂僧"形象探究 [J]. 九江学院学报（社会科学版），2016（3）.

[2] 查明昊，卢佑诚. 晚唐五代诗僧群体的文学理论 [J]. 吉林师范大学学报（人文社会科学版），2009（2）.

[3] 陈丽丽. 浅探中国古代文学思想中的"狂"范畴 [J]. 洛阳师范学院学报，2006（6）.

[4] 洪修平. 论中国佛教的曲折发展及其现代意义——以儒佛道三教关系为视角 [J]. 南京社会科学，2009（2）.

[5] 侯传文.《维摩诘经》的文学意义 [J]. 齐鲁学刊，1998（3）.

[6] 侯传文，董德英. 佛教诗学研究刍议 [J]. 北方工业大学学报，2017（6）.

[7] 侯传文. 佛传与僧传——中印佛教传记文学比较研究 [J]. 东方论坛，2017（6）.

[8] 侯传文. 比较文学视域中的佛教文学 [J]. 中国社会科

学报, 2018 - 03 - 06.

[9] 贾利芳, 李舜臣. 苦吟诗风与晚唐五代的僧诗创作 [J]. 语文教学通讯, 2016 (3).

[10] 李秀花. 论支遁诗文对汉译佛经之容摄 [J]. 西南交通大学学报 (社会科学版), 2011 (5).

[11] 马晨雪. 《论语》中的隐士形象 [J]. 乐山师范学院学报, 2013 (10).

[12] 邱玥. 嵇康艺术论的人文哲学美学意境 [J]. 求索, 2012 (9).

[13] 孙昌武. 佛教的中国化与东晋名士名僧 [J]. 传统文化与现代化, 1993 (4).

[14] 田云明. 现世与净土之间——论《方丈记》的"闲居"世界 [J]. 国外文学, 2017 (3).

[15] 田云明. 中国古代"狂僧"形象的东渐——以智藏传、增贺传为例 [J]. 外国文学评论, 2018 (2).

[16] 田云明. 论中国古代典籍中的隐者形象 [J]. 唐山学院学报, 2019 (2).

[17] 王秀林. 晚唐五代诗僧的"吟癖"及其成因 [J]. 首都师范大学学报 (社会科学版), 2004 (5).

[18] 王玉彬. "无用"与"游世"——庄子哲学中的生存方式之论析 [J]. 哲学研究, 2014 (4).

[19] 吴莉莉. 狷行人生路——论中国古代文人的一种人格美学取向 [J]. 美育学刊, 2016 (1).

[20] 徐笑一. 中国古代佛教小说圣愚形象探究 [J]. 东北师

大学报（哲学社会科学版），2017（2）.

[21] 杨曾文. 佛教中国化和禅宗［J］. 佛学研究，2017（1）.

[22] 姚垚. 皎然年谱稿［J］. 中国书目季刊，1979，13（2）.

[23] 仪平策. 中国诗僧现象的文化解读［J］. 山东大学学报（哲学社会科学版），1994（2）.

[24] 张富春. 试论《世说新语》中的支遁形象［J］. 河南师范大学学报（哲学社会科学版），2015（5）.

［析出文献］

[1] 汤用彤. 魏晋玄学论稿［C］//汤用彤. 汤用彤学术论文集. 北京：中华书局，2016.

【日文文献】

专著类

[1] 白居易著，冈村繁译注. 白氏文集（1－9）［M］. 东京：明治书院，1988－2005.

[2] 池田鲁参. 详解摩诃止观：天卷［M］. 东京：大藏出版株式会社，1996.

[3] 川端善明，荒木浩校注. 古事谈 续古事谈［M］. 东京：岩波书店，2005.

[4] 大曾根章介.《澄宪作文集》（翻刻）［M］//秋山虔. 中世文学研究. 东京：东京大学出版会，1972.

[5] 大曾根章介，金原理，后藤昭雄校注. 本朝文粹［M］.

东京：岩波书店，1992.

[6] 渡边照宏，宫坂宥胜校注. 三教指归 性灵集［M］. 东京：岩波书店，1983.

[7] 风卷景次郎等校注. 山家集 金槐和歌集［M］. 东京：岩波书店，1961.

[8] 高山寺典籍文书综合调查团. 明惠上人资料 第一［M］. 东京：东京大学出版会，1971.

[9] 弘法大师空海全集编辑委员会. 弘法大师空海全集：第五卷［M］. 东京：筑摩书房，1986.

[10] 弘法大师空海全集编辑委员会. 弘法大师空海全集：第六卷［M］. 东京：筑摩书房，1990.

[11] 后藤昭雄，等校注. 江谈抄 中外抄 富家语［M］. 东京：岩波书店，1997.

[12] 菅原道真著，川口久雄校注. 菅家文草 菅家后集［M］. 东京：岩波书店，1982.

[13] 井上光贞，大曽根章介校注. 往生传 法华验记［M］. 东京：岩波书店，1974.

[14] 久保田淳. 西行全集［M］. 东京：日本古典文学会贵重本刊行会，1982.

[15] 久保田淳. 译注藤原定家全歌集：上卷［M］. 东京：河出书房新社，1985.

[16] 久保田淳. 译注藤原定家全歌集：下卷［M］. 东京：河出书房新社，1986.

[17] 空海. 御请来目录［M］//佛书刊行会编. 大日本佛教

全书：二. 东京：东京印刷株式会社，1914.

[18] 空海著，渡边照广、宫坂宥胜校注. 三教指归 性灵集 [M]. 东京：岩波书店，1983.

[19] 马渊和夫，等校注. 三宝绘 注好选 [M]. 东京：岩波书店，1997.

[20] 马渊和夫，等注译. 今昔物语集 [M]. 东京：小学馆，1972.

[21] 内田泉之助. 新释汉文大系 文选（诗篇）上 [M]. 东京：明治书院，1963.

[22] 平冈武夫，等著，今井清编. 白氏文集歌诗索引：上、中、下 [M]. 京都：同朋舍，1989.

[23] 浅见和彦校注、译. 十训抄 [M]. 东京：小学馆，1997.

[24] 桥本不美男，等校注、译. 歌论书 [M]. 东京：小学馆，2002.

[25] 三木纪人校注. 方丈记 发心集 [M]. 东京：新潮社，1976..

[26] 藤冈忠美校注. 袋草纸 [M]. 东京：岩波书店，1995.

[27] 藤田一尊等著. 源家长日记 飞鸟井雅有卿记事 春日深山路（中世日记纪行文学全评译集成 第三卷）[M]. 东京：勉诚出版2004.

[28] 藤原佐世. 日本国见在书目录. 见太田藤四郎. 续群书类从（卷第884）[M]. 东京：太洋社，1928.

[29] 文集百首研究会. 文集百首全释（歌合·定数歌全释丛

书8）[M]．东京：风间书房，2007.

[30] 无住著，渡边纲也校注．沙石集 [M]．东京：岩波书店，1966.

[31] 西尾实校注．方丈记 徒然草 [M]．东京：岩波书店，1983.

[32] 小岛宪之校注．怀风藻 文华秀丽集 本朝文粹 [M]．东京：岩波书店，1986.

[33] 小泉弘等校注．宝物集 闲居友 比良山古人灵托 [M]．东京：岩波书店，1993.

[34] 岩佐美代子．校注文机谈 [M]．东京：笠间书院，1989.

[35] 昭明太子萧统辑，内田泉之助，等译著．文选 诗篇上～文章篇下 [M]．东京：明治书院，1963-2001.

[36] 竹鼻绩译注．今镜：下 [M]．东京：讲谈社，1984.

[37] 筑濑一雄．无名抄全讲 [M]．东京：加藤中道馆，1980.

研究著作类

[1] 辰巳正明．怀风藻——汉字文化圈中的日本古代汉诗 [M]．东京：笠间书院，2000.

[2] 川口久雄．平安朝汉文学的开花——诗人空海与道真 [M]．东京：吉川弘文馆，1991.

[3] 大隅和雄．中世佛教的思想和社会 [M]．东京：名著刊行会，2005.

[4] 大曾根章介．日本汉文学论集：第一卷 [M]．东京：汲

古书院，1998，

　　［5］高木清子．西行的宗教世界［M］．东京：大明堂，1989.

　　［6］冈田正之．近江奈良朝的汉文学［M］．天理：养德社，1946.

　　［7］工藤美和子．平安期的愿文与佛教世界观［M］．京都：思文阁出版，2008.

　　［8］井上光贞．日本净土教成立史研究（井上光贞著作集：第七卷）［M］．东京：岩波书店，1985.

　　［9］久保田淳．西行 长明 兼好［M］．东京：明治书院，1979.

　　［10］久保田淳．中世和歌史研究［M］．东京：明治书院，1993.

　　［11］埋田重夫．白居易研究——闲适之诗想［M］．东京：汲古书院，2006.

　　［12］目崎德卫．漂泊——日本思想史的底流［M］．东京：角川书店，1975.

　　［13］目崎德卫．出家遁世［M］．东京：中央公论社，1976.

　　［14］目崎德卫．西行思想史研究［M］．东京：明治书院，1978.

　　［15］平林盛得．圣与说话的史学研究［M］．东京：吉川弘文馆，1981.

　　［16］平林盛得．庆滋保胤与净土思想［M］．东京：吉川弘文馆，2001.

　　［17］平野多惠．明惠——和歌与佛教的相克［M］．东京：

笠间书院，2011.

[18] 秋山虔编. 中世文学研究 [M]. 东京：东京大学出版会，1972,

[19] 三角洋一. 源氏物语和天台净土教（中古文学研究丛书1）[M]. 东京：若草书房，1996.

[20] 山田昭全. 西行和歌与佛教 [M]. 东京：明治书院，1987.

[21] 神乐冈昌俊. 中国隐逸思想研究 [M]. 东京：perikan社，1993.

[22] 矢岛美都子. 佯狂——古代中国人的处世术 [M]. 东京：汲古书院，2013.

[23] 石田茂作. 由写经看奈良朝佛教的研究 [M]. 东京：东洋文库，1966.

[24] 松尾刚次. 镰仓新佛教的成立——入门礼仪与祖师神话 [M]. 东京：吉川弘文馆，1988,

[25] 唐木顺三. 中世的文学 [M]. 东京：筑摩书房，1966.

[26] 藤原克己. 菅原道真与平安朝汉文学 [M]. 东京：东京大学出版会，2001.

[27] 笹川博司. 深山的思想——平安和歌论考 [M]. 东京：和泉书院，1998.

[28] 窪田章一郎. 西行研究 [M]. 东京：东京堂，1961.

[29] 西村亨. 新考王朝恋歌研究 [M]. 东京：樱枫社，1994.

[30] 细野哲雄. 鸭长明传的周边·方丈记 [M]. 东京：笠

间书院，1978.

　　[31] 小峰和明．院政期文学论 [M]．东京：笠间书院，2006.

　　[32] 小林保治．说话集的方法 [M]．东京：笠间书院，1992.

　　[33] 小林保治，李铭敬．日本佛教说话集的源流 [M]．东京：勉诚出版，2007.

　　[34] 小林升．中日历史观与隐逸思想 [M]．东京：早稻田大学出版社，1983.

　　[35] 益田胜实．火山列岛的思想 [M]．东京：筑摩书房，1968.

　　[36] 佐藤保编．凤兮凤兮——中国文学中的"狂" [M]．东京：汲古书院，2009.

　　期刊类

　　[1] 安良冈康．遁世者的文艺及其展开 [J]．专修国文，1982（31）.

　　[2] 波户冈旭．论空海作《游山慕仙诗》——对用典出处的考察 [J]．国学院杂志，1976，77（8）.

　　[3] 长野一雄．高僧传·续高僧传与日本灵异记——习合思想的比较 [J]．和汉比较文学，1998（20）.

　　[4] 陈靖国．《方丈记》无常观的特异性——论与往生要集的关系 [J]．学大国文，1989（32）.

　　[5] 赤羽淑．藤原定家的闲居 [J]．文化，1967，30（4）.

　　[6] 大星光史．枕词"空蝉"考 [J]．国文学解释与教材研

究，1969，14（4）.

[7] 大隅和雄. 关于遁世 [J]. 北海道大学文学部纪要，1965，13（2）.

[8] 稻田利德. 面对"世"的视线 [J]. 国文学解释与教材研究，1980，25（11）.

[9] 富原 KANNA. "方丈"考 [J]. 和汉比较文学，2005（35）.

[10] 岗本敬道. 对《发心集》遁世谭所体现的撰集意识的考察——尤以第一卷为中心 [J]. 宇部国文研究，1977（8）.

[11] 高尾稔.《发心集》和《古事谈》的先后关系追考 [J]. 国语和国文学，1986，63（9）.

[12] 高野濑惠子. "黄泉路上的杜鹃鸟"考 [J]. 国文学论考，1995（31）.

[13] 胡志昂. 释智藏的诗与老庄思想 [J]. 埼玉学园大学纪要（人间学部篇），2010（10）.

[14] 金子彦二郎. 方丈记与支那文学的关系——以与白乐天诗文的关系为中心 [J]. 帝国学士院记事，1942，1（1）.

[15] 井实充史. 空海诗赋的方法——《道》《俗》对立及与《俗》的对抗 [J]. 言文，2006（53）.

[16] 隽雪艳. 从"池上篇"到"池亭记"《方丈记》——论其思想特征 [J]. 和汉比较文学，1996（17）.

[17] 李贞熹. "suki"概念的展开 [J]. 语言文化和日本语教育，1993（5）.

[18] 柳井滋. 有关狂言绮语观——从白居易到保胤的折射

[J]．国语与国文学，1962，39（4）．

[19] 目崎德卫．数奇与遁世 [J]．风俗，1976，14（4）．

[20] 前田淑子．发心集和摩诃止观——序·卷一与能安忍的观法 [J]．言文，1978（26）．

[21] 青木生子．歌词"空蝉" [J]．紫，1999（36）．

[22] 犬養廉．能因法师研究（二）——青年期的周边 [J]．国语国文研究，1966（35）．

[23] 森田直美．"紫云"——它是何时变为"圣众来迎之云"的 [J]．和歌文学研究，2008（97）．

[24] 山本一．《发心集》卷一·卷二的主题展开——结合《方丈记》进行考察 [J]．国文论丛，1982（9）．

[25] 山本一．《发心集》数寄说话群的思想性 [J]．日本文学，1983，32（9）．

[26] 山口敦史．《怀风藻》的"阳狂"——以释智藏传为中心 [J]．怀风藻研究，1998（3）．

[27] 山田昭全．狂言绮语观的两个侧面——庆滋保胤诗观的变迁与天台教学的关联 [J]．丰山学报，1959（5）．

[28] 矢岛美都子．古代中国人狂的观念——以"佯狂"的变迁为中心 [J]．亚细亚法学，2007，41（2）．

[29] 松村雄二．关于数寄的笔记——以和歌的数寄说话为中心 [J]．共立女子短期大学文科纪要，1988（32）．

[30] 太田次男．真福寺蔵新乐府注与镰仓时代的文集受容——附·新乐府注翻印 [J]．斯道文库论集，1968（7）．

[31] 太田次男．白诗受容的诸问题——论与文集古抄本的联

系［J］．国语国文，1977，46（9）．

［32］田云明．从《怀风藻》山林隐逸诗到《古今集》"山里"歌［J］．言语和文化，2011（12）．

［33］田中干子．《文集百首》的《白氏文集》受容——对闲适诗的共鸣［J］．白居易研究年报，2007（8）．

［34］田中宗博．《发心集》的境界离脱谭［J］．国文论丛，1986（13）．

［35］藤本德明．《发心集》中的增贺——以"物狂"说话为中心［J］．说话·物语论集，1978（6）．

［36］西村稔．玄宾僧都观的变迁［J］．园田学园女子大学论文集，1974（9）．

［37］小岛宪之．汉语逍遥——《怀风藻》佛家传的考察［J］．文学，1989，57（1）．

［38］小岛孝之．"山里"的系谱［J］．国语和国文学，1995，72（12）．

［39］伊藤博之．撰集抄中的遁世思想［J］．佛教文学研究，1967（5）．

［40］原田隆吉．平安末期隐遁者的净土［J］．文艺研究，1952（10）．

［41］藏中SHINOBU．上代汉文传的成立与《续日本纪》——论官人薨卒传与僧传的性格差异［J］．上代文学，1990（64）．

［42］沼波政保．中世佛教说话与摩诃止观——"隐遁的思想背景"补说［J］．同朋国文，1978（11）．

［43］猪股清郎．空海《游山慕仙诗》的思想构造，大正大学

大学院研究论集［J］.2008（32）.

析出文献类

［1］安田德子.藤咏考——古今歌人的咏歌基础［M］//和汉比较文学会.古今集与汉文学:和汉比较文学丛书第11卷.东京:汲古书院,1992.

［2］蔡毅.空海在唐作诗考［M］//兴膳教授退官纪念中国文学论集编集委员会.兴膳教授退官纪念中国文学论集.东京:汲古书院2000.

［3］大曾根章介.《池亭记》论［M］//山岸德平.日本汉文学史论考.东京:岩波书店,1974.

［4］冈野浩二.奈良·平安时代的出家——从"官僧·私度僧"到"官僧·遁世僧"［M］//服藤早苗.王朝的权力与表象——学艺的文化史（丛书·文化学的越境4）.东京:森话社,1998.

［5］横田健一.《怀风藻》所载僧传考［M］//横田健一.白凤天平的世界.大阪:创元社,1973.

［6］吉原浩人.庆滋保胤劝学会诗序考——以与白居易的关联为中心［M］//吉原浩人,王勇,等.飘洋过海的天台文化.东京:勉诚出版,2008.

［7］孙昌武,副岛一郎.白居易与佛教·禅和净土［M］//太田次男,等.白居易研究讲座:第一卷.东京:勉诚社,1993.

［8］藤本德明.僧传与说话——以《发心集》为中心［M］//本田义宪,等.说话的讲座:第六卷 说话及其周边——物语·艺能.东京:勉诚社,1993.

［9］笹川博司．"山里"自然美的形成——从《拾遗集》春夏到《后拾遗集》秋冬［M］//后藤祥子，等．平安文学的想象力：论集平安文学 第五集．东京：勉诚出版，2000．

后　记

本书是我于2013年向名古屋大学提交的博士学位论文基础上融入近五年的研究成果撰写而成的。在拙稿即将付梓之际，内心感慨万千。

我在山东大学日语专业就读期间，有幸遇到了恩师岩下寿之先生，是岩下先生为我开启了日本古典文学世界的大门，并邂逅了近十年的主要研究对象——鸭长明的《方丈记》。2004年春，我有幸师从时卫国先生，入学爱知教育大学，开始了漫长的日本留学之路。于2005年春考入名古屋大学攻读硕士学位，并于2007年考取了名古屋大学的博士。在名古屋大学就读期间，我有幸遇到了学术生涯中最重要的导师——胡洁先生。恩师为人谦逊和蔼，治学严谨。她的悉心指导、热情鼓励、严格要求给了我坚持完成学业的强大精神支持，在研究上及生活中遇到种种困难时，恩师的谆谆教诲及关爱呵护使我受益终生。每每回忆起在日求学时与恩师相处的日日夜夜，师生之情难以忘怀，感激不尽。本书是我博士毕业后完成的首部著作，脱离了恩师的呵护，仿佛雏鸟离巢初展翅，虽然忐忑

不安，但终将独立成长。谨以小书作为回国五年来的研究成果汇
报，恳请恩师审阅。

此外，还要深深感谢当年参加我博士学位论文评审的各位专
家。感谢前野美智子先生，作为我博士论文的副指导，虽然她门下
学生众多，工作繁忙，却在论文预审时提出了宝贵而中肯的修改意
见，使我获得了重新审视论文的机会。同时感谢福田真人先生，在
论文答辩之际提出的建设性意见建议，为我今后研究的开展指明了
具体方向。

能够在日本从事中日古典文学的比较研究，还得益于日本留学
期间的身元保证人井上芳昭先生，借此机会深表谢意。同时，在长
年的日本留学生活中，齐藤贞子·池田桂子一家、永田久枝一家在
经济上和精神上分别给予我很大的帮助和支持，在此表示衷心的
感谢。

在本书执笔期间，在日文文献查阅、搜集方面得到了学友李海
及同门师妹杨悦热情无私的帮助，这份深厚的同窗之情将铭记于
心。本书的部分章节曾在学术期刊发表，每每需要翻译英文摘要
时，都能得到同事常智勇的慷慨相助，令我不胜感激。在书稿的校
对阶段，还得到了王利艳、朴雪梅、刘双喜、李艳君、马振秋等同
事的大力协助，在此一并致谢。

本书的出版得到了教育部人文社会科学研究青年基金项目资助
以及光明日报出版社《光明社科文库》出版项目资助。承蒙光明日
报出版社责任编辑的支持与帮助，拙著终得以顺利出版。在此也向
他们谨致谢意。

最后，深深地感谢父母与家人一直以来对我学业的理解与

支持。

　　因本人资质愚钝，才疏学浅，拙著难免会有诸多不足甚至谬误之处，敬请方家斧正。

田云明

2019 年 3 月于唐山